明公啟示錄

帝王管理學與孝道文化

范明公孝經開講 3

范明公——著

目錄

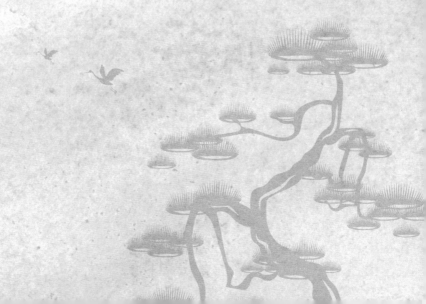

第十一章

儒學通天徹地學無止境

使命跨越階層經邦濟世

第一節
中華一切源自天道
無為而治替天行道
與天絕無等級秩序

　　《孝經》開篇開宗明義是最重要的，上一冊我們又講到其中首要的即是立身，認清定位和發展方向，以及自己的願。學習儒學經邦濟世之道，即是為我們指明道路，讓我們懂得選擇和取捨，立身非常之重要，先立好身才能行道。所謂「立身行道」，清楚定位、知道想做什麼即立身，然後向這個方向發展即行道。

　　儒學為我們指出兩條路，在人的定位上，一類人泛指老百姓或被統治階級，亦稱為勞苦大眾、底層的勞力者，儒學經典中經常以小人相稱；另一類人稱為君子，即貴族、統治階級，亦即是勞心者。而孔子開創儒學的首要使命，就是著重講授人如何從百姓轉變成貴族，即是所謂的從小人轉變為君子，也就是跨越階層，所以儒學稱為經邦濟世

之學。如果只是為了個人獲得一點小幸福，其實不必學儒。

儒學講究立身，而後是行道，其中很少講百姓如何做，主要都在講如何成為君子，即統治階級。百姓基本沒有更細的分類，而君子卻分為三類，第一是最高層的一類，稱為神性的君子，對應於神權；第二類稱為王性的君子，對應於君權；第三類即官吏、官僚。

而現在所講《孝經》中的「立身行道，揚名於後世，以顯父母，孝之終也」，在上述三類君子中，要清楚我們選擇哪一類作為自己的目標。上一冊中還講到，中華聖王有四大權即四大職能，神權是第一位，而後是君權、族權和夫權。而所謂神性的君子，相當於聖王四大職能中的第一大職能，即通天地、神明，能與萬物之靈溝通，是通天徹地之人，謂之天下之王，即聖王；王性的君子，謂之人中之王，即帝王；官僚則是輔佐帝王的人，又稱為官吏。

對於儒學學習的傳統觀念，謂之學而優則仕，即學好了為官之道，為帝王服務，但是這僅僅是儒學的一項功能而已。真正要學好儒學，最高的第一定位並不是當官僚，

而是成為通天徹地之人。現在的悲哀是，如此重要能通天地的階層沒有了，所以中華開始沒落，找不到天，與天相隔絕了。事實上，中華的一切都源自於天道即道統，而後才能建立綱常、倫理、禮規和法治，中華自古即是如此自上而下來的，我們現在與天絕了，我們的社會等級秩序無從建立，禮規無可遵守，法律沒有依據，所以一片迷茫，談何復興？我們學習儒學，就要學以致用，然後才真正能夠實現家庭、家族、企業、國家、民族皆安，皆可遵守相應的等級秩序。

在此為大家講授一些儒學的真東西，可能感覺比較顛覆，大家要好好的理解，儒學是跨越階層的學問、智慧體系。真正學習儒學的就是統治階級即貴族，如果有昇華至統治階層成為貴族的意願，可以繼續學儒，一步一步向上走，其實學無止境、無窮無盡。不要以為學習兩三年，就好像已經都學通了，其實根本都沒學到老祖宗智慧之皮毛，這是需要積累，需要一門深入且長時熏修，學好了，不僅自己可以跨越階層，而且以後可以子子孫孫傳承下去。

儒學究竟從何而來，我們可以從史料中查詢。從伏羲、女媧開始的三皇五帝，黃帝、顓頊，以及堯、舜，那時的聖王既是氏族部落的首領，即人中之王，又是大祭司即負責通天地之人，同時具備神權、君權、族權、夫權四大職權。其實，四大職權一直延續到夏商時期還都具備著，但是神權已經一點一點的弱下去了。然而，夏之前神權一直占據統治地位，意即是在統治過程中聖王以神權為首，在人間的決策，人的意識作用力很小，邏輯思維很少，因此在人間稱為無為而治，也就沒有那麼多法律、規定。但是聖王在精神領域、在與天地萬物的溝通方面積極做事，這方面的任何事情決策都不是依靠聖王與群臣的商量、會議、推理、判斷而來，而是聖王與天地溝通得到結果後直接做，這種方法後來被稱為占卜。

我們都知道商遺留下來很多甲骨文，即寫在龜甲獸骨上的文字，為何要寫，又是何文字？因為那時人們遇事即占卜，把占卜的結果刻在甲骨之上，堆放保存在某個地方以備後驗，所以甲骨文大多數都是占卜的文字，即卜辭。夏之前有占卜方法之書，稱為《虞書》，而夏的占卜之書

稱為《夏書》，商的占卜之書稱為《商書》，到了周時就用《周易》來占卜了。所謂占卜就是一種與天溝通的方法，上古時期所有的聖王必須首先具備神性，所以古人的禪讓制，並非僅僅是禪讓給孝順父母之人，其實更類似於一種薩滿的傳承，不一定是血緣、血脈的傳承。

中華是在大禹之後，從禹的兒子啟建夏，才開始以血緣、血脈往下傳，但是血脈相傳就會導致神性漸弱。到周時，人和神基本接近徹底分開了。所以我們應該知道這一點，周之前具備神性的人可以與自然萬物溝通，即所謂可以求雨，這類人就稱之為「儒」。前面的系列書籍中我們講了六藝之禮樂，而真正的禮和樂都是從祭祀中來的，即是從與萬物之靈溝通的儀式、儀軌中來的，所以禮樂即為「以通神明之德」。所謂禮樂治國，就是不用世間法治理人的行為，真正的聖王掌握與天的溝通之道，與萬物即眾生的集體潛意識相通，看似在現實中無為，但是透過一整套祭祀之禮樂治國。

由祭祀儀式演化而成了現實中人與人之間的禮，祭祀

儀式中莊嚴肅穆、誠敬至信，此即是禮的真正意義。掌握這套儀式的人即是儒者。而孔子的工作實際上一直與祭祀相關，最早向老子問禮之後，即從事當時的喪祝工作，即是主持喪葬一類的祭典儀式，而且古時候必須是自身能與神靈溝通之人，才能主持這種儀式，即是古代所謂的祭司。儒字即所謂人之所需，古籍中解釋儒者就是求雨之人，亦即是主持祭祀之人，因此古之大儒、儒學大德，皆是真正通天徹地之人，這才是儒學的第一功能。

有人反駁說：「老師，您講得不對！孔子在《論語》中，不是既說過『敬鬼神而遠之』，又說過『子不語怪力亂神』嗎？孔子是最不迷信的啊！」

其實對這兩句話，我們現在是只知其一不知其二，隨後我會慢慢給大家講解清楚。現在研究儒學和孔子，自宋明以後就主要針對於《論語》和《禮記》這兩本書，且其中的《禮記》並不是五經之中的《周禮》。這兩本書將孔子通天方面的內容都刪掉了，已經不是真實全面的孔子了。儒學到底是什麼，現在對孔子的認識究竟是如何形成的，

其中還有更深的淵源。真正的孔子可不是個老學究，真正的孔子通天徹地、神通廣大，也是中華古代聖王之一，而且是唯一的一個不是現實帝王的聖王，因此歷史上稱孔子為素王。

真正的儒學非常明確，是教化貴族以及成為貴族的，貴族即統治階級、精英層。孔子本人成為貴族以後，廣開教化之門，教授平民打開跨越到貴族階層的大門，這在之前的歷史上是沒有過的，而且是不可以、不允許的。是孔子第一個打開了這扇大門，即所謂有教無類，以前的教育只允許貴族的子孫傳播、傳承，不可以對平民傳，這是有非常嚴格的規定的。平民只能學習基本的生存技能，也就是我們所說的三百六十行，為生存而掌握的手段，而貴族亦是不可以觸碰平民的生存手段的。

貴族要學習如何管理、如何統治、如何駕馭，即通達人心、人性、人情、人倫，以及哲理、宇宙真相這些方面的學問。亦即是說，貴族子孫只允許學習與人、與宇宙相關的智慧，而平民在當時只允許學習知識與技能。所以在

春秋戰國時期，孔子把生存技能方面稱為器，即是指所從事的行業、掌握的知識、需要學習的技能，是為了生存必須掌握的，為了養家糊口的勞作所必須學習的。然而，貴族即君子不可學習這些技能、手段以及知識，亦即是成語「君子不器」所說之意。只要一項工作只是為了生存，無論開工廠、做投資、搞金融，如果只為了賺錢，那這個事即稱為器。

現在對器的解讀與兩千五百年前春秋戰國時期稍有不同，但沒有太大的差異。君子作為統治階級不會去做賺錢的事，生來不需要賺錢，地位是傳承世襲的，這是與現在不同的地方，但是其實也沒有什麼不同，真正的社會構成與兩千五百年前沒有不同，平民還是平民階層，學的就是器，都是賺錢養家的本領、技能；真正的統治階級根本不會也不應該學這些，這樣的大家族現在也是世襲制。

現在的所謂大財閥、大家族的後代，生來不用工作賺錢，也不用學習所謂的生存技能，長輩已經安排好了，直接繼承某個領域的幾個集團公司，甚至不用參與具體管理，

其實就相當於世襲。而現在都覺得所謂的富二代就是敗家的，生下來就不勞作、不學習，認為不公平。其實有人以來就莫談公平，西方所謂的公平也都是假象，任何社會中人與人本就生而不同。

儒學告訴我們的是，構建一個社會體系、社會結構，就是在等級的基礎上構建的，這套體制體系並不是孔子創造的，而是我們中華的先聖為我們留傳下來的，留下一整套完整的社會結構、體系、包括政治秩序、政治體制，而且非常之完善。只是後來我們不斷的顛覆，不斷的加入過多自己的創新，最後造成天下大亂、民不聊生，社會結構混亂，政治秩序混亂。這就是因為我們不懂上古先聖留傳下來的神性文明，但是其實亙古以來人類的階層、等級、生活方式、政治秩序、社會結構等都沒有變過，問題在於我們能不能看清楚。

如果所有這些都看不清，自己真正是何等級都不知道，在政治秩序中處於什麼位置都不知道，那就是個迷人，本來是平民百姓，自己卻覺得是主人，本來受著各種時間空

間、制度、法律、規則的束縛，其實相當於一個奴隸，卻天天接受灌輸認為自己是這個世界的主人，這只是錯覺而已。現在的社會與以前沒有不同，只是宣傳方式不一樣了，奴隸不覺得自己是奴隸，卻覺得自己是主人，依舊天天為了生存拼搏、努力的勞作。這才是現實，看清楚自己的位置，看清楚本質的社會結構和政治秩序，就會知道下一步應該往哪裏走，即是所謂立身。所以我們一直還是在講立身行道這四個字。

　　立身並沒有那麼高大上，立身並不是修身，修習道德仁義禮智信等等，而是認清自己現在站在何處，是何階層。自古以來，從禹後建夏開始，精英、貴族階層就是世襲的，不要以為從新文化運動、新民主主義運動開始，封建王朝被推翻就自由民主了，平民百姓就當家作主了，更不要有錯覺認為自己已經是統治階級、貴族了。如果你的祖輩沒有參加過立國之戰，即使你有幾十、上百億的金錢財富，還只是個商人，是平民、被統治階層，不僅我們中華，整個人類的階層等級都是以軍功劃分，是謂軍事分封制。自古以來，陪皇帝一起打天下，推翻前朝建立新王朝，立有

軍功的開國功臣，就會被分封，就是能夠世襲的貴族。

有人疑問：「老師，這不是已經推翻的古代封建王朝的制度嗎？」

難道只有古代的封建王朝才這樣嗎？現在是不是也一樣？美國、英國、日本、西班牙是否還是這樣？英國一直有貴族，到現在王室、伯爵、男爵等都有；美國的美元貨幣都不是國家的，政府也不是國家所能控制的，總統都不是統治階級，而是為統治階級服務的，真正的統治階級就是後面的幾大家族，這幾大家族依然是世襲。現在的真相是，分封不是古代分封土地的諸侯國了，而是把商業各個不同的領域分封給各大家族。

我們在講儒學，其實儒學就是政治學、社會學，而且全都是本質。真正的儒學可不是天天之乎者也，而是最深刻的政治學、社會學，立身二字不明，就不知如何行道，之後在社會上便不知道學什麼、做什麼，一生忙忙碌碌，可能在開公司、建工廠、做金融，好像挺成功，到最後只是賺了點錢，還不一定守得住，臨終時都不明白自己立身

於社會何處，都不知道這一生在做什麼，這就是因為沒有學過政治學、社會學，也根本不知道何謂儒學。儒學把人類社會的結構、政治的秩序看得最透，講得最明白，此即謂之智慧，而這套智慧平民並不掌握。人類發展至今，分封世襲依然存在，甚至還很隱蔽的在統治著社會，但普通百姓有一種錯覺，認為人人平等，認為飯店服務員和總統沒什麼不一樣，甚至更自由，這是現在的一種統治哲學、統治技巧。

孔子的偉大在於廣開教化之門，把貴族這套智慧向平民開放，這在當時其實是不允許的，卻就此成就了一代教育家。從此以後平民就有了向貴族轉化與昇華之路。孔子首創之舉延伸到漢以後，自隋開始的科舉制徹底向平民打開了教化之門，允許平民讀書，亦即是獲得智慧，獲得貴族所掌握的本領，昇華成為服務貴族的君子，也就是官吏。春秋之前是不允許平民擔任官吏，只有世襲貴族才可以擔任，因此只有他們才能學習做官的智慧，而平民只能學習生存技能。

而貴族又有階層和等級，基本上分為四大等級，最高的第一等級稱為國君即帝王，第二稱為諸侯，第三為大夫，第四謂之士。中華歷史一直到清都是如此延續，如周滅商後，把商的整套統治結構徹底打碎，跟隨周文王、周武王滅商的功臣們都會得到分封，文王、武王是天子，世襲代代相傳，而建功立業的功臣就封為諸侯，給予封地，比如姜太公分封至齊國，微子啟分封至宋國，第一代諸侯就是如此形成的。因此前兩個層級，天子和諸侯是以軍功打出來的，稱為軍事分封制，第一代貴族就此產生，往後世襲，天子的嫡長子繼承王位，小兒子又分封到各地做二次諸侯；而諸侯國的諸侯王也是長子世襲稱為諸侯，而諸侯的小兒子即稱為大夫；大夫亦可世襲，長子繼承，而大夫的小兒子稱之為士。所以貴族的四個階層，國君、諸侯、大夫、士就是如此世襲的，都是以血統世襲。

　　事實上，中華乃至全世界人類都是如此，這就是社會學的本質。首先要認清自己是誰，再說要不要跨越，然後才能探討如何跨越，這就是學習儒學的意義。社會學最本質的就是等級，必須首先看透這一點，才能知道應該怎麼

做。有人覺得有等級不公平，那就是因為看不清、看不透，只是想著自己想要的公平，如果真正要找公平可以到祖輩那裏找一找，別人的祖輩在拋頭顱灑熱血的時候，你的爺爺在做什麼？如果那時是老婆孩子熱炕頭的狀態，躲藏著等戰爭過去繼續過小日子，從未立過戰功，建國大業中沒有任何貢獻，何談公平？歷史就是軍事分封制，這是人類的共性。

我們之所以要學儒學，因為只有儒學真正從根上、從本質為我們闡明，讓我們認清要立身於當下，心安在當下，同時又指給我們一條發展之路、昇華之路、轉型之路，即平民何以跨越至貴族的道路。實現了昇華、轉型、跨越，世間法就修成了，就打破了富不過三代的魔咒。

儒學所謂的經邦濟世，其中含義很深，所以有機緣才能講授。其實，現在讀書的過程已經在昇華、轉變中，此即稱為文字般若，在文字中獲得智慧，身心改變；有緣繼續深入，即可教大家觀照般若，即如何在事上修，如何在身體上修，破除種種障礙；最後才能進入實相般若，才能

真正證得道果。而所有的一切必是從文字、語言上先理解，使人開悟。

　　夏商周時期，儒士、儒者負責祭拜上蒼，以通神明之德，即是祭祀者，也就是所謂的祭司。上古時期的祭司和氏族首領是同一個人，伏羲、女媧、炎帝、黃帝、堯、舜、禹，都是大祭司也就是精神領袖，負責以通神明之德，以類萬物之情，同時在人間也是氏族部落的王，即是我們所講的聖王。不要片面的認為氏族部落好像很小，事實上黃帝、堯、舜、禹時期，包括夏、商時期，所謂一個氏族部落的面積比我們現在中國的國土面積都要大，上古時候高度發達的文明，是我們現階段難以想像的。但可以肯定的一點是，聖王首先是內聖，而後是外王，內聖即是精神領袖，外王則是統治人類的人中之王、現實中的王，這是內聖外王最直接、最根本的含義。

　　儒學體系就是教我們如何成就內聖外王的一套智慧體系。夏、商時還是祭司與王合體，到周時神權和王權開始分化，不再集中在一人身上。周文王本身還是聖王，因此

可以演八卦為六十四卦，著《易經》，既是精神領袖，又是周天子，即是所謂內聖外王。周武王就不是聖王了，已經沒有神性了，所以周武王時姜太公代表昆侖山上的神性，即是代表內聖之精神領袖，是從周開始分化，周武王他只代表人間之王，已經不是精神領袖了。所以儒者是從哪裏來的呢？儒者繼承的就是姜太公的內聖方面，這就是儒的真正源頭。

儒家學派從孔子開始，將這套方法系統化落地，但其本質是通天徹地，為了「以通神明之德，以類萬物之情」而存在的。學儒不知其根，肯定學不明白，我們要知道禮樂如何而來，聖王為什麼以禮樂教化眾生，以禮樂治國？這即是周公旦為後世所做之事，所以歷史上稱為周公制禮作樂，而周禮中明確指出一國之君所做的一切都要符合天道，因而周開始即稱國君、帝王為周天子，作為天子就要做到一切言行、品德，甚至起心動念都要符合最高境界的要求，必須符合才能代表天，即最高的品德、最高的道德。

世俗中的工作不用天子做，只必須做一件事，即祭祀。

《左傳》中有一句話表述國家最重要的兩件事，「國之大事，在祀與戎」，祀即祭祀，戎即戰爭。其中祀是第一重要的事，須由國君、天子負責，天子首先要人品端正、道德高尚，符合天對人的要求，方有資格代表天上神明管理眾生，此即真正所謂替天行道，保佑國家子民長治久安，這種最高的祭祀，從諸侯到百姓都不可以做。而諸侯是負責戰爭的，如果諸侯和百姓越過天子進行最高的祭祀活動，則稱為僭越，即所謂大逆不道，所以等級就是從祭祀直接落到人間管理之上的，所謂合天道即做事要符合天規，有具體的標準相對應。

第二節
規律亙古不變儒學周禮治國
家國秩序以身作則孝道禮儀

　　現在從上到下、天道地規、為人處事已經既不合理又不合規，全都亂了。此即所謂人心不古，人越來越墮落，都找不到天了，更沒有對應了。我們學習的儒學其實就是周禮，雖然已經三千多年了，但是有些規律真理是亙古不變的，不是自以為聰明的人就能夠看破、就能改變的，所以擅改的結果就是不僅自己受災殃，還給整個民族帶來天災人禍，甚至劫難，古今中外的歷史都在不斷的證明。因此，問題就在於，儒學這一整套體系應用在統治國家方面，能否理解？如果能理解又是否能夠照做？

　　有人疑問：「老師，現在還有人按照儒學統治國家嗎？怎麼可能按周禮統治國家，周禮現在還有嗎？」

　　現在，真正的儒學已經被打垮，周禮也更不知道是什麼了。但是，現在世界上依然還有這樣的國家，正在按照

周禮、按照儒學統治，而且統治得非常好，比如日本和新加坡。現在西方科技非常發達，而日本和新加坡在發達國家中也位列前幾名，世界公認，而且無論科技、文化、個人素質修養等各個角度，以及國家、國人的整體面貌，世界各國的讚美度，在全球所有國家中都名列前茅。但大家是否知道日本和新加坡與儒學的關係？尤其日本是如何發展至今的？

有人馬上回答：「老師，這我當然知道！日本的轉捩點就是明治維新，自從明治維新以後，日本開始向西方學習，全盤西化，追趕西方，然後實現趕超，跑到了世界前列。」

這就是我們所了解的日本發展，我們基本上只知道明治維新，認為日本是全盤向西方學習。但是，事實上日本明治維新打出了兩個口號，之後是按照兩條路實際貫徹，而全盤西化是我們的一種誤解，向西方學習只是第二個口號，而且是次要的口號，第一口號則為王政復古、尊王攘夷。何謂王政復古？日本明治維新前，幕府政治維持了很

多年，日本社會在幕府時期很黑暗，更不要說有文明文化科技發展了，當時被稱為倭寇、東夷。所謂幕府即是日本天皇的家臣，他們把持朝政，把天皇架空，所以日本幕府時代一片黑暗。

明治維新前，日本人發現這一點不符合道統、綱常，臣壓君是犯上，就像家中的子不尊父則家一定會亂，國也同樣如此。日本看到這一點後，就提出了王政復古、尊王攘夷，意即是要尊重天皇，還政於王室，天皇代表日本的天即神靈，而一切政策全都恢復古中華大唐時的政策，包括政治秩序、政治體制、社會結構、人倫道德、禮儀規範等所有的一切。所謂復古即是復中華大唐之古，明治維新開始解散幕府，恢復天皇尊嚴，恢復所有制度，重新學習大唐，恢復大唐時的綱常、倫理、禮規、法治等一切制度，此即謂王政復古。

這就是日本明治維新第一所做的事，這一點沒有幾個中國人知道，我們只知其一不知其二，就知道日本向西方學習，現在很強大，成為發達國家，經濟、軍事、人的素

質都好。其實剛剛講的都不生僻，很容易查詢，即可看到日本是不是一切都來自於我們漢唐時期。首先日本的等級制，官大一級壓死人，在日本的軍隊、企業、家庭中，那種嚴明的紀律，那種強大的戰鬥力、凝聚力都建立在等級和秩序的基礎上，各司其職、各謀其政、各負其責。

再看現在的中國還有等級秩序嗎？企業中員工尊重老闆嗎？且不說天天罵老闆，僅是所謂上有政策下有對策到底是種什麼概念？為什麼中國人不好管理，為何中國人總是一盤散沙，沒有凝聚力？都說中國人聰明，但十個中國人在一起形不成一條龍，甚至只是隻蟲，就是因為我們沒有等級，沒有秩序。所以我們現在講《孝經》就是在講等級秩序，在家對父親都看不上、總是吵鬧，父親是天，在家都是翻天，出去到社會上對老師、對老闆，是一樣的看不中、服務不了，此即之所以講究在家就要建立等級，父親有父的尊嚴，母有母之慈愛，而再強、再有能力的女人嫁人，亦稱之為出嫁從夫，而所謂從夫不是都聽丈夫的，而是得尊重，夫妻之間也有種等級。

有人不認同，「老師，這不公平，我老公什麼也不行，特別窩囊，家裏全都指望我啊！」

我幾十年個案諮詢有幾千案例可以總結說明，如果你存的是這樣的心，家中長幼尊卑落實不好，不知等級、沒有秩序，你的孩子一定會出現問題，要嘛學業學習不專注，要嘛身體有問題，要嘛未來事業不順利，要嘛長大後婚姻不幸福。反而觀察相對傳統家庭的孩子，成長發展都比較健康順利。不這麼講就不會觀察到這些其實與現在的所知、所學有衝突和顛覆，現在的父親都變了，變成了慈父嚴母。古之俗語，養不教父之過，父親負責孩子的教化，表現出威嚴及嚴厲，母親只負責照顧孩子的衣食住行，表現包容和慈愛，守護孩子的身心。而現在是父不父、母不母，父不嚴、母不慈，孩子怎能沒有問題？

而日本現在的家庭，我們可以看到依然沿襲著中華漢唐的狀態，男人負責在外打拼事業，在家中也有威嚴，女人年少時也正常上學，結婚後就回歸家庭，相夫教子。我們在此講的是社會普遍狀況，而不是特例，即是講儒學傳

授的道統和綱常。然而有些家庭男人出去做事業的確不行，很適合在家帶孩子，女人就是有能力，這就是所謂個案個例，而非普遍性。但即使是女人當家主外，心中也得有道統綱常之理，知道家中男人是最有尊嚴的，女人雖然負責賺錢養家，但也明白要尊重自己的老公，主動建立起老公的尊嚴，孩子才會尊敬有尊嚴的父親。

此即所謂「家和萬事興」，是孩子知書達禮、性格溫和、有理有節，更是孩子長大步入社會實現成功的基礎，首先家教就要做好，有家教的孩子即會有禮有節，長大成功的機率非常高。不懂規矩，天天逆反抗上，不守禮節、不守規則的孩子，即使再有能力也沒有用，看任何人都是他的絆腳石，於是人人都會障礙他，也就不會成功。本就是這個理，如果孩子不懂事、沒有家教、情緒惡劣，或者有反社會人格，那父母要好好的反思，家中的等級秩序如何。

父親有沒有威嚴，有沒有尊嚴？父親是否承擔了父親的職責，是否撐起了家的那片天，是不是老婆孩子的靠山，

是不是遭逢大事擋在家人前面的人？首先男人自己要有尊嚴，在家中盡到男人該有的職責和義務，然後再考慮老婆的尊重，孩子的尊重。威嚴是從尊重中來的，而不是暴怒、暴力，暴力其實是懦弱的象徵，真正有力量、有尊嚴的男人不需要打人、罵人，更不會打老婆、打孩子，不需要用暴力實現尊嚴，那反而是懦弱。男人在家中要先做到頂天立地，成為家中的支柱，保護妻兒的靠山。父親做到這一點，孩子才真正有信心、有自信，步入社會面對任何艱難困苦，都不會害怕，因為孩子心中有父親這座大山。

　　孝是家之禮儀、國之禮儀，其實這些都是從祭祀中來，祭祀不僅僅是一個儀式，而是真正與神靈、神明的溝通。儒是真正的通天徹地者，而日本即是學會了我們的儒學，恢復了大唐時一切的制度、社會結構、綱常倫理禮規，再結合西方科技所謂先進時尚的理念，融合而成了現在發達的日本。其實，日本的企業管理是西方人望塵莫及的，西方都在向日本學管理，日本企業的人員流動最低、最穩定，基本上一家人都在一個企業，甚至一輩子都在一個企業中，對老闆的尊重、對上級的敬畏都是從古中華學的。我們以

前的中國就是這樣的，而現在全沒了。

　　以前的老闆和員工之間是師徒關係，孩子長大想生存，要學習生存的技能，選一行進入，但入行並不是現在的公司應聘，我們古人得在這一行中拜師。比如要入烹飪這一行，不是找一所烹飪學校，學完之後就開飯店入行了，而是在一個城市裏烹飪一行有幾派，有川菜、魯菜、粵菜、東北菜、杭幫菜等等，而且都是有師承的，就要在這一行中選擇一派，由中間介紹人引薦，帶著貴重禮金拜師，然後跟著師父學徒。前三年只是跟著學，沒有工資、只幹雜活，從最基礎做起，上不了檯面，不能直接教烹飪，如此三年，徒弟磨心性的同時，師父也在觀察徒弟，灑掃、進退、應對是否到位，品德如何，能力怎樣，心是否伏得住，是不是三分鐘熱度，是不是三心二意，如果師父發現不行就直接不教了。

　　拜師學藝，基本上都有磨心性的兩三年學徒時間，三年後師父覺得人品、道德、心性、心態、尊師重道等各方面都可以了，就可以教了。教幾年後，學成了就出去開分

號，要嘛一直在師父這裏工作，但都是師徒之間有了分成關係，按比例分成，也不能徒弟直接自己就出去單做了，或者從師父的飯店跳到別的飯店，那就是大逆不道。一旦有人這樣做，那整個行業、城市都不會再用他、留他，這就是所謂的背叛師門。這即是道統、綱常，都是有等級的，師父是天，跟隨師父學徒，徒弟的心態就得落在地上，對待師父就得像對天一樣，師父才能真正傾囊相授，學成之後，首先幫師父做有一份收入，後面徒弟確實優秀，能夠獨當一面，能夠獨自開拓了，師父就會讓徒弟獨立去開分號，但派別如杭幫菜這一派是不會變的，徒弟打理分號占大份額，師父占小份額，即獨立了但沒有出師門，師父還得繼續教他。

古代的各行各業全是如此尊師重道，緊隨師父一輩子，其實當師父離世時，徒弟就成了師父，接了師父的傳承。這就是中華的道統，而日本就把這一整套都學去，應用在他們的家庭、企業中，不一定學得很到位，但是現在看來是不是好的方法，任何行業的學習都有師徒傳承，人員還會有流失嗎？師父既教了很多徒弟，又在很多徒弟那裏集

中受益，師父也就能夠傾囊相授，就不會出現教會徒弟餓死師父的情況。

　　現在中國為何人才流失率那麼高，企業中還有所謂師徒的關係嗎？老闆和員工大多是僱傭關係，大學畢業到企業工作幾年，學了一點經驗，不漲工資就離開，有更大的平臺就直接跳槽了，還覺得是老闆對不起自己，如此誰會教，又能學到什麼？所以人的流失率非常之高。各行各業都取消了師徒制，以前日本也曾把從大唐學的都取消了，結果一片混亂，所以明治維新以後把這些重新硬性恢復回來，不論對錯先恢復，即王政復古。

　　中華想復興，如何復興？就是要看能不能把大漢時的整套社會政治體制、社會結構、政治秩序，那套道統、綱常、倫理、禮規一系列標準，全盤恢復回來。日本能做到，中國為何做不到？日本明治維新時做到了，又把西方的精髓拿過來，即所謂「師夷長技以制夷」，這句是中國人魏源提出的，日本用作他們的第二句口號，師夷長技以制夷即是指，向西方學習然後超越西方。有中華大唐的一整套

最先進的社會結構、政治秩序、政治體制，復古之後就可以超越西方，同時還學習了西方的技藝、技巧、技能、科技，徹底超過西方，這就是日本。

在此並不是推崇日本，而是藉日本知道我們中華要如何復興。中華大唐時期的整套體制是什麼？就是沿襲大漢而來的，漢即是用儒學治理天下，亦即是貴族統治階級應該學習的，謂之智慧。日本把儒學體系學回去直接應用，而現在依然應用得非常好，所以全世界都覺得日本人真的很有禮，日本的環境十分潔淨，家家都一塵不染，人與人之間的禮節規範到位，我們同樣羨慕不已。其實，我們中華大唐時期比現在的日本還要有禮、潔淨、規範，結果日本學到了，我們嫡系的中華子孫反而把老祖宗的好東西全都拋棄了。

新加坡 1965 年從馬來西亞獨立，其實是結束英國殖民統治後，馬來西亞不要新加坡了，因為新加坡是華人世界，而馬來西亞並不是華人，為了保證馬來西亞人的純潔度。1965 年時的新加坡沒有資源、資本，只是個普通城市，人

口少、面積小，淡水都沒有，什麼都沒有。李光耀就在這個基礎上開始發展新加坡，雖然生存都困難，但依然堅持一個治國方略，必須用中華古時的儒學體系治理新加坡。李光耀傳記中記錄的心路歷程，他夫妻二人都是劍橋大學的法律高材生，而他的父輩祖輩是從中國福建到新加坡，華人文化、中華的傳統、家教等級、倫理禮規等都具備，從小耳濡目染儒學綱常、等級秩序觀念，後來也結合西方先進技術，師夷長技以制夷，但是根還是中華的道統，從而成功的治理新加坡。

李光耀去世後，將新加坡的治理交給了他的長子李顯龍，應用的即是嫡長子繼承制，都是按照中華道統的家族、宗親、血脈進行的。正因如此新加坡的文明素質世界第一，全世界對新加坡人都非常尊敬，不是因為有錢，而是因為整體素養特別高，因為他們對人尊重、有禮有節、所到之處都守規範，所以華人不應自卑。

然而，現在中國大陸的人走到世界各地，感覺就是有錢，一點禮節規範都不懂，一點衛生習慣都沒有，如此怎

能讓人尊重中國人。我們把儒學的道統、綱常、倫理、禮規全都毀滅殆盡，只是經濟發展有錢了，可除了錢什麼都沒了，全世界的人都不尊重中國人，中華復興只是口號有何用？不懂禮貌、毫無家教之人何談復興？但其實只要我們觀念一變，方向一旦對了，我們骨子裏、DNA裏就有中華文明道統的傳承，日本明治維新才一百多年就能發展到這種程度，新加坡1965年到現在，不到六十年的時間，從一片狼藉、毫無資源的小地方，發展成了亞洲甚至世界都名列前茅。中華真的能夠把我們骨子裏的中華道統、綱常、倫理、禮規的儒學體系，重新挖掘、樹立起來，再師夷長技以制夷，把西方的先進科技為我所用，根本用不了三十年，中華就將大變樣。

但是真的要實現，只是呼籲並沒有用，我們每一位中國百姓也必須要以身作則，從自己做起，把自己的家按照儒家的道統綱常體系建設好，然後把家族按照孝道的等級秩序理順，在我能掌握的企業中，提倡孝道文化，開始建設等級秩序，樹立長幼尊卑的秩序，設立規則不許打破，如此一點一點的做，星星之火可以燎原。當實際有效被認

可時，全國一聲令下復古復禮，類似於日本明治維新的王政復古，或者像大漢時的漢武帝雄才大略、膽識俱全，罷黜百家獨尊儒術，馬上中華就會大變樣。

有人說：「老師，您天天講儒術，儒術不是封建理教嗎，綱常禮規極其束縛人，如何能去遵守，迫害婦女，壓迫人性！」

事實上，儒學是最圓滿的道統學，但上面所說的也是有道理的，儒學當中確實有糟粕，後來發展出來的所謂儒學理教，確實是壓迫人性的理教，但是這些與孔子並沒有關係，孔子是被他的後世弟子誤讀、誤解了，把孔子的原意固化、僵化的錯傳下來，為什麼這麼講？真正的正宗儒學傳承有三大脈絡，而儒學的傳承脈絡直接導致了中華兩千多年的朝代興替、繁榮興盛及繁衍生息，同時也導致了近幾百年中華的衰落，變成西方口中所謂的東亞病夫飽受外辱，這些都與儒學的發展狀態有著密不可分的關係。

第三節
三不朽立身行道揚名後世
內修德應天為往聖繼絕學

我們講到《孝經》中的立身行道，立身即知道自己身處何位、身處何處，立身後再行道，知道有何目標，去向何方，追求什麼高度，在現實中再去做、去修，即行道。立身行道不能簡單的理解成，修身、修德、修仁義道德禮智信，追求真理，求道、維持道心，不是那個意思。儒學到底是什麼，能將我們帶向何處，為何稱之為經邦濟世之學？儒學在中華實行了兩千五百年，歷朝歷代，無論是漢族統治天下，還是外族統治天下，都離不開儒學體系，而且凡是應用儒學體系治理天下的朝代，都能長治久安、生息繁衍，幾十代帝王、幾百年穩定的朝代。

然而，現在我們的印象中，很多對儒學的認識都是迂腐、陳舊，強調的綱常倫理都是封建理教、是束縛人性，尤其是壓迫婦女、壓抑孩子的三綱五常，儒學在社會上已

經沒有什麼地位了，儒學真的是這樣的嗎？真正知其根源本質，才能延展、延伸，才能繼承。繼承一定得是原汁原味，不能繼承已經改裝換面，自己都不認識的東西，那多麼可悲。而儒學對我們要學習掌握的中華文明體系太重要了，中華文明體系其實就是儒學體系，是真正的精髓所在。

我們研究儒學、研究中華的文明體系，所遵循的路徑和研究方向，就是孔聖人為我們指明的經邦濟世。也就是研究國家如何治理，如何長治久安的；一個朝代如何打天下、守天下，怎麼才能繁衍生息。其實不外乎聖人的三不朽事業，立德、立功、立言，立德即是做人，立功是指在現實中功成名就，立言即是傳承，在世時學會做人、學會功成名就，死後能立言，我的思想、精神、人格可以傳承下去，傳承千年為後世子孫做榜樣，這才是真正所謂「立身行道，揚名於後世，以顯父母，孝之終也」。揚善名、盛名於後世，這才是真正的大孝，是終極之孝，最圓滿的孝，這就是我們人生的目標、方向，以及要遵循的路徑。

前面講到儒學中的概念分為君子和小人，但這裏一定

要清楚，儒學的意思絕不是君子指好人，小人指壞人，這完全是兩回事；也不是指儒學是好人才能學習，壞人不能學，也不可能變好，這都是完全錯誤的理解。君子和小人指的是兩個階級，不是兩類人性，不是善與惡、好和壞。春秋戰國時，君子的意思是君之子，即貴族雖然分為幾級，國君、諸侯、大夫、士，但都是有血緣關係的，都是國君的孩子、後輩子孫，有的是長子嫡傳，有的是次子、小兒子，但都是國君的孩子，所以統稱為君子，由此而構成了統治階級，代代世襲。而小人則是指平民，不是現在所說的壞人、氣量小、心眼小的人，是階級的代表與象徵，君子代表統治階級，小人代表所謂的被統治階級。

孔子時期階級劃分得非常明確，小人是被統治階級，本來只能學專業技能，即賺錢維持生計的技能，孔子廣開教化之門，有教無類，在春秋戰國時期打破了階級的劃分，為平民開闢了一條上升之路，使被統治階級中的優秀者，有了一條讀書昇華之路。

我們講授儒學的源頭，其實就是主管祭祀的祭司。祭

祀不講明白，中華的信仰、中華的王道就都不會明白，因為我們中華的信仰體系、王道體系都是從祭祀中延伸出來的。不要以為祭祀都是遠古的、原始的，現在的人類社會在人文、宇宙自然的認識、人心的把握以及人性人情的瞭解上，比伏羲、黃帝、堯、舜、禹，比夏商周，即孔聖人之前的人類，是大大的退步，沒有任何提升、沒有任何的改變。不要以為有很多現代科學知識，我們就改變了很多，就已經不再愚昧、有智慧了，甚至可以與天鬥，可以調整自然，使自然為我所用了，其實這些全是錯覺。

我們現在的人類墮落至此，正在與整個生態和自然對立、衝突、對抗，沒有學會與自然天道和諧共生，只是為了貪圖五欲六塵，自己享受一點、舒服一點、感官更刺激一點，就破壞生態、破壞自然。這不是進化，其實是更加墮落了，我們的社會結構、社會制度、政治秩序、政治體制，在人心、人性、人情都沒變的狀態下，都不會有變化。我們以為自己變了很多，把以前的都打碎了，那只是自己以為，其實本質上根本沒有變化，以為把以前的道統、綱常、倫理、禮規打碎了，但是重新建立起來的是什麼？建

立的理論基礎又是什麼？這是一個大課題，全世界各個國家都面臨這一件事，按照人心、人性、人情的規律去做，就能夠長治久安、興盛發達、繁衍生息，否則就得走向敗空，其實歷史一直不斷的證明。

周以後分化出來的儒者，其本源本質是真正掌握通天、通神明之德的方法之人，就像姜太公、鬼谷子、張良、諸葛亮這一類人，其實掌握的就是祭祀之禮、樂，而後聖王即是以禮樂治國。首先禮方面我們講了很多社會等級制度、社會規範，因為有禮，然後有誠、有敬，才有了忠。在家子對父有孝，在外臣對君要有忠，然後家才能和順，企業也才能和順；悌則是秩序，長幼秩序。守住等級秩序，家庭就能長治久安的穩定，企業更是如此，才能發展、延續。其實真正最壞、最大的惡是打破規則的人，打破企業規則、家庭規則、等級秩序的人，越有能力危害就越大，必須儘快排除，守規則、守秩序的人要鼓勵。

以前伏羲、黃帝、堯、舜、禹這些聖王，集四個身分神權、君權、族權、夫權於一身，到了周時神權和君權分

開了，掌握神權的即是大祭司、大祭師，這可是意義重大。儒學講究內聖外王，儒學修行到最高境界，即君子的歸途、君子的前行之路和目標，一是內聖一是外王。儒學要達到這些目標，即根據君子的兩個目標，制定所謂的課程，因此儒學的有教無類、廣開教化之門，其實就是培養貴族、培養君子，把優秀的平民透過教育、教化，有機會上升到為君子服務，甚至加入君子行列，既教平民，亦教君子、貴族，這才是真正的儒學，教的是內聖外王。

孔子並不教授平民所學的技能，雖然他教的弟子很多都是貧寒的百姓，比如曾子、顏回、樊遲等等，但是《論語》中記載的故事即說明孔子不教平民技能。樊遲是孔子很有名的學生，拜孔子為師後，非常好問。

一日問孔子：「老師，您能不能教我如何種莊稼，能讓莊稼產量提高？能否再教一教如何打理菜圃，多收穫些菜？」

孔子回答：「你要問種莊稼，我不如老農，要問菜圃如何種，你去問菜農，不要問我，我不是教這些的。」

樊遲沒有得到答案，心裏挺鬱悶，老師博古通今，上知天文下知地理，怎能不知道怎麼種地呢？最現實的問題，老師怎能不落地呢？

　　樊遲離開後，孔子很生氣，對旁邊的其他弟子說：「小人哉，樊須也！上好禮，則民莫敢不敬；上好義，則民莫敢不服；上好信，則民莫敢不用情。夫如是，則四方之民襁負其子而至矣，焉用稼？」

　　這個樊遲問種地、種菜的問題，真的是個普通平民，我教他的是成為聖王的大智慧，真正有智慧之人，哪有可能自己種糧種菜？你真正具備了智慧，重視禮、義、信，則平民就會敬仰你、信服你、真情實意對你，四方的百姓人民都會來投奔供養。君子是掌握智慧的，或者內聖或者外王，要跨越到這個階層，哪有時間餘力考慮種地啊，所以孔子很生氣。

　　不要以為孔子就是個溫文爾雅的老學究，手無縛雞之力，實際上孔子脾氣並不好，而且是身材魁梧的武將之相，弟子讓他不順心都是當場就罵，很是暴躁，《論語》、《禮

記》中有很多記載。現在多感覺孔子就是鞠躬行禮的老先生，甚至有些落魄相，周遊列國時不受待見，四處飄零落魄，其實並不是那樣。

孔子把世間賺錢的技能、職業稱為器，然後一再強調君子不器。清楚了君子與小人真正的意義和區別，清楚學習這套智慧體系、學習《孝經》、六藝的根由意義，就能理解孔子講的君子不器是何意。君子不能天天想著學賺錢的技能，不要天天考慮賺錢，平民才要天天考慮謀生、發財。不要以為年代不同，其實現在和孔子時期沒有根本區別，最大的區別在於現代人成了迷人，看不透、看不清，為自己安排的路永遠上升不到君子層面。

財富跟著智慧走，現代人總是認為有了智慧，就能做好自己的企業，賺更多的錢。賺錢不是不對，但儒學真正教我們的不是去想如何賺錢，所有的人全盯著錢，被眼前的物質利益占據了學習智慧體系的時間，都被世俗所耽誤、影響，僅學的一點也是千瘡百孔、無法系統，心都被莊稼、財物所吸引，孔子怎能不生樊遲的氣？學習是為了傳承聖

人之道，即謂之「為往聖繼絕學」。

　　要放下世間的事業，上山專修幾年，那是需要福報的。有多少不捨、多少障礙，得有大福報，絕不是企業甩手不管，只為自己修行就能行的。你對企業的員工是否負責任呢？你走了無人替代，企業就垮了，你有沒有擔心顧慮？所以得有大福報。孔子一再講君子不器，真正的儒者是教人通神明的，真正通天、通神明之人才是儒者，因此謂之聖，聖又稱為天下之王，內聖即謂向內修而成聖，即是所謂的精神領域之王。

　　以前的伏羲、黃帝、堯、舜、禹都是內聖外王，到周時分開了，而儒學真正帶我們到達的最高境界，即是內聖外王。儒學的各部經典就是為我們指明方向，告訴我們應該去的地方，就是內聖和外王合一的地方，至少要達到內聖。我們都想看到月亮，卻不知道月亮在何方，因為都是迷人，師父伸出手指為你指明了月亮的方向，順著手指看就能看見月亮，而經典就是手指，但是現代人學習儒學只是執迷於經典，天天研究手指，卻不知道應該順著手指所

指的方向，才能看到月亮。而自己無法將目光延伸出去，是因為不知道如何延伸，必須由明師引領才能延伸。

　　經典之字雖然全都認識，卻根本解讀不了，所以只是盯著手指，不知道師父是想藉由手指為你指引方向，讓你能夠看見月亮。這也就是禪門《指月錄》的意思，指月即是六祖惠能告訴無盡藏尼，經典文字只是指月的手指，放下經典，即放下手指，手指並不是月亮，去看經典所指的方向才能見到真理的月亮。我們正在讀《孝經》，自己能讀得明白嗎？即使天天在讀，其實是天天在看聖人的手指，沒有意義，把手指看得再熟，甚至背得再熟，上面細微的毛孔全都清清楚楚也沒有用，所以經典無法僅從文字解讀。

　　儒學本身是教授貴族達到最高境界，即內聖境界的學問。內聖若達不到，其次是外王，退而求其次才教如何成就外王的事業，外王如果再達不到，又給出一條路，即是輔佐帝王，這三條路即所謂君子三途，是儒學為我們提供的。所謂貴族、統治階級的發展之路，也有層次，即貴族的上、中、下三層。這些如果不清楚、不明白、甚至不知道，

就是立身不定，身在何處也不知道，要往何處去都不知道，何談行道，又有何目標去修行？

如何達到內聖，亦即是成就精神領域之王，其實前面給大家講過。首先要明白文字是手指，《詩經》也是手指，甚至玄學都是手指，所有的手指都指向一處，要能理解所指的方向，不能執著於手指。我們現在講內聖的意義，即是培養天下之王，也就是精神領域之王，是君子三途三個層面中最高的一層，而這個層面即是用禮樂來培養。

儒學《孝經》中立身行道四個字，我們講了很多，而具體怎麼做即是真正的聖王所做之事，做好了則現實中所有的事都會順，做不好則現實中所有的事皆不順。君主帝王亦稱為天之子，是精神領域的代表，六藝之樂即是溝通精神領域的方法，是儒者帶領和傳授我們的方法，亦是用以培養聖王的方法。內聖即修內德以應天，聖王不僅要祭天，平時還得注意自己的言行舉止、內心狀態，修德則不能有衝突，他的人格要整合；不能有壓抑，他就沒有了歪心思；不能有勾心鬥角、暴力對抗，他內心的一切都會呈

現於國家。聖王負責溝通上天神明，是用禮樂而非武力培養，不是培養個人的戰略、勇氣，否則培養的就是霸王而不是聖王。

內聖之王是君子的最高境界，而儒者即是帶領君子達到聖王境界的人，即是所謂真正的師者，或稱為帝師。《孝經》真正背後的含義一般難以理解，覺得儒學《孝經》就是告訴我們在家孝順父母，在外忠於老闆，一般僅僅能理解到這個層面。然而還有一句話是忠孝不能兩全，對老闆、君主盡忠，對家中父母則無法盡孝，所以就會特別糾結，這其實根本不理解《孝經》真正的意思，不知道何謂「夫孝，德之本也，教之所由生也」，事實上孝父和忠君皆是代表，真正孝的內涵都統一為天上的神明。

那孔子為何還要說「敬鬼神而遠之」？《論語》有記載「樊遲問知」，知即智慧，即是那位問種地之事的樊遲，問老師孔子何謂智慧，孔子回答：「務民之義，敬鬼神而遠之，可謂知矣。」其實孔子是根據樊遲的資質來回答的，前面講了樊遲就是平民百姓的思維範疇，因此務民之義意

即是老老實實的履行做平民的義務和責任，把人做好。敬鬼神而遠之的含義則是，真正的大智慧不是普通百姓能夠理解和獲得的，能夠尊重鬼神之事但是要遠離，這對百姓而言就是智慧了。能夠理解孔子表達的意思了嗎？敬鬼神而遠之前面，記得還有務民之義四個字，其中民字在此很重要，點明了到底針對誰說的這句話。

　　有人可能會想到，我們解讀《六祖壇經》時講到，自性本自清淨，放下執著與妄想，智慧就自然流露出來，智慧應該是自己生出來的啊！其實一點也沒有衝突。以後有機緣會跟大家慢慢深入講解，所謂敬神到底敬的是誰，敬的是自己的哪些部分。其實，禪與儒學一點都不衝突，只是從不同角度講的同一件事。然而，切不可修禪偏激的修成了只修自己，偏執於不向外修，不向外覓佛，或者修成了寂滅禪，什麼都不在乎、都無所謂，世間的一切努力全都不要了；或者修成了狂禪，目空一切、狂妄自大、目中無人，心中對師父都沒有基本的禮了，見佛像也不敬不拜，見什麼都無所謂，任何戒律也沒有，認為一切都是虛妄、都修沒了。

不知恭敬之心，果報即是修到了荒郊野外沒人管、沒人要，即所謂野狐禪，可不能修成這樣。我們講的所有，都是圓融的，都是沒有矛盾的，只是有可能個人尚不理解而已，然而不理解不代表理有問題。不理解的狀態下，要慢慢的熏修，急不得，其實之後需要理解掌握的還有非常多，所以孔子教化眾生必是因人而異的，雖然整體教化是有教無類，但同時具體施教時也是分門別類。

我們古人的整個的社會結構是這麼建起來的，內修德以應天，人間的等級制度即是從天上落入人間的，家中的父親、國家的君主、企業的老闆，都是天的代表，所以我們得敬、得有禮。而樂即是溝通，以通神明之德，與天即神明相通。而我們正在講儒學之內聖外王的君子三途，其中第二途是外王，在外稱王，對外特別強大，即是人中之王，不知不通不在乎天，有力量就行。所以外王亦稱之為霸王，歷史上霸王很多，秦始皇是典型的霸王，項羽、成吉思汗也都是霸王。

霸王即是透過練武功、武力，練勇氣、戰略，練習統

御之道、管理之道，所成就的。即是從射、御中練，古代戰鬥中射和御是最重要的，御是駕駛馬車、駕馭戰車，這是古代戰爭最重要的決定因素；射即是射箭的技術，弓弩和射箭兩樣，決定了冷兵器時代戰爭的勝負。射和御即是古代戰爭最重要的兩個因素，想成為霸王，即人中之王，就一定要學好這兩樣。外形健壯，能夠射箭和駕車之後，繼續再學習射為成功之道，御為管理之道、統御之道。意即為透過駕駛戰車學會管理之道；透過射箭學會成功之道，如何成功、如何建功立業。如此一內一外，內外相合、相應，就能成就一代霸王。

然而，俗稱都是一代霸王，亦即是霸王基本都是一代，因為無法延續，只有聖王才能夠延續。聖王修的是道，霸王修的是術。古代想成為貴族、統治階級，只有經過戰爭，即軍事分封制，必須以軍功才能出將入相，如果想世襲，必須戰功卓著，則可直接封爵而實現世襲。所以古人對打仗軍功特別重視，必須得學習軍事才能出人頭地。平民也有機會，如果碰到戰爭被徵兵了，就有機會了，但是春秋之前的戰爭都是只有貴族才能參加。貴族不訓練世間賺錢

的技能，只研究兩方面，一是祭祀之禮，另一方面就是軍事、打仗，如何駕駛戰車、射箭殺敵，成功克敵制勝。

春秋以前戰爭打仗都是用戰車，而不是騎單匹馬，而且春秋以前沒有所謂的孫子兵法、三十六計，春秋之前的人重信重義，重的就是等級秩序和禮儀禮節。兩軍對壘時可見其重視程度，作戰之時絕不能用任何的陰謀詭計，如果對方的君主、帝王駕駛戰車，一眼可知戰車的等級，己方將帥看到是敵方的王駕到，即使戰場上正在全軍衝鋒，也會馬上下令停住，這邊並不是帝王只是將帥，相較對方敵人帝王的身分要低，於是馬上下車，行敬帝王之禮。

行禮之後將帥說：「您親自駕到了，但是咱們這次的仗一定得打，請您注意安全，我會命令我方的弓箭手不射您，但您也一定注意小心，打仗不是兒戲。」

說完上車，然後兩邊開始繼續作戰，而且不能傷害對方的帝王，這都是有禮的，而且必須得有禮，那個時期沒人敢搞陰謀詭計。挖戰壕、挖陷阱，把對方帝王的車陷進去，或者派武功高手把帝王一箭射死，這些都是戰國以後的事，春秋之前根本沒有。春秋之間都講信義，戰爭打仗也是一樣，排兵佈陣，戰車擺好，擊鼓進軍，這是雙方默

認的規則，即所謂一方擊鼓，對方也得一同開始衝鋒。我
們所謂的一鼓作氣，再而衰，三而竭，是曹劌這個人破壞
了規矩，這種情況在春秋時期是極少的，雖然曹劌贏了這
場仗，但是他在貴族圈裏就沒法再立足，大家都不理他了，
因為他不講信義。那時候就是這樣，周天子下面的諸侯，
戰爭打仗之後都不記仇，打敗對方應該是死敵了，但用不
了半年這家的閨女又會嫁到那家去，我們現在看似玩笑，
但其實當時是講求信義的。而戰國以後就不行了，戰爭真
的是你死我活，已經沒有道、沒有信義，大家也都不按規
則行事了。

　　春秋之前的周，包括夏、商時期，都是按規則行事的，
定好了規則全都遵守，所以能夠維持八百年的統治。春秋
之後開始打破規則，有特殊機緣由平民上升至貴族的人們，
做事不擇手段，打破定立的規則，然後逐漸開始人心不古，
天下大亂，到了戰國時期，規則基本全都被打破了。進而
到秦始皇時，是最會打破規則的，秦始皇統一了六國，建
立了千古功勳，成就了一代霸業，但是並沒有維持幾年，
因此只是成為了霸王，沒有成為聖王。

　　所以我們對規矩認識，很多人認為老人守規矩、很死

板，其實如果大家都守規矩，則稱為信義，社會就能穩定。社會之所以不穩定，其禍亂之根源，最大的原因就來自於不守規矩，謂之僭越。所以我們講授的儒學，有一整套社會結構、政治秩序、政治體制，都是建立在天道的基礎上，將天道道統落地變成綱常，綱常即會變成倫理，倫理即變成禮規，禮規形成規矩則有了法治去震懾。大家都遵守這套體系，社會就安寧了，朝代就能延續幾百年。如果都打破規矩，那麼朝代一定長久不了，歷史即使如此，即使統一了天下，也僅是一代霸王之霸業。

第三個層面則是官吏，所學的是官吏學，治國的行政管理能力。這一類人能夠處理政務、政事，介於平民和貴族之間，一部分能夠受封成為貴族，可以世襲則比較少，大部分是為貴族服務。讀書之後，從平民進入了一家大企業或者政府機關，其實就成為了官吏，開始為貴族、統治階級服務，幫貴族處理行政事務，管理百姓。

孔子儒學所教的三個層面，即所謂君子三途，第一是聖王，第二是霸王亦稱為外王，第三是官吏。從孔子開始平民就可以讀書了，就是可以將平民帶向貴族階層中的官吏道路。而所謂的君子三途，還是在講《孝經》的「立身

行道」這四個字，認清自己現在的狀態，理清楚自己整個事業的發展方向。不要只把精力、時間都用在賺錢上，賺錢再多，也昇華不了，跨越不了，就一定富不過三代。

真正的儒學為我們指的明路，就是這一套智慧體系，這套儒學的智慧精髓即稱為終南捷徑，然後這套智慧還可以傳承下去。因此，未來修行的方向，真正修儒、修禪、修道的目標，大家就可以逐漸清楚了。立身正了，而後行道，修行有所成就，才能揚名於後世，才可稱之為大孝，父母、家族、祖先都能受益、受敬仰、流芳百世，即謂之「以顯父母，孝之終也」。

就像禪宗的明心見性、心開悟解一樣，其實立身行道四個字清楚了，儒學基本就入門了。這與佛法所講的理上解，即知道是一樣的，然而僅僅知道還不行，還要悟道，進而證道，才能啟用，才能真正改變。所以佛法從文字般若起修，要達到悟的狀態就要修觀照般若，最終達到實相般若即證道。同樣，儒學也有這幾個階梯，格物、致知、誠意、正心，是儒學的階梯，其實就是佛法的文字般若，即是由文字智慧入，從佛經中先找到大智慧，然後知道正確的修行方法，再進行觀照般若，才能達到心開悟解的悟

境，小悟積累成為大悟，大悟積累成為徹悟，即達到證悟。

　　儒學經典不僅是指孔子親自編著的六經，而是泛指由上古傳下來的，上古聖賢留傳下來的經典，諸如《黃帝內經》、《山海經》、《周易》，還有已經失傳的夏之前的《虞書》、夏之《夏書》、商之《商書》，都屬於儒學經典。不能簡單、狹隘的將儒學經典看作僅是孔子及其弟子刪減、編著的著作，孔子心胸很大，一直秉承著述而不作、信而好古，只是刪減、總結、匯集上古經典，把典型的、有代表性的經典解釋清楚其本義。《孝經》即是如此，雖然不是上古留傳下來的經典，卻是孔子根據上古所傳的典籍、語錄解讀孝，而形成的一部經典。而這些上古典籍、語錄究竟如何落地，孔子到底透過什麼解讀的孝呢？即是透過《詩經》。《孝經》每一篇章的最後一定都會用《詩經》中的一句詩作為本章觀點的驗證以及論據，所以孔子儒學的一切都是上古傳下來的、原滋原味的經典，都不是孔子自己創造的。

第十二章

中華道統萬年傳承不變

復漢唐君子儒五孝立身

第一節

孔子匯編聖王古籍始成經典
真相殘酷假象絢麗復興如夢

中華文明從大框架、大結構上，概括和總結為一句話，整個中華文明就是儒學文明。春秋戰國時期，由孔子創立的儒學能夠代表我們整個中華文明嗎？在前面《中華文明真相》系列書籍中，我們講到了中華文明的緣起、發展脈絡，中華文明緣起於極度超前、高度發達的上古文明社會，以大洪水為分界線，大洪水之前是上古半神人統治的、超前的、高度文明的社會組織結構，大洪水之後進入中古時期，經歷了堯、舜、禹，從夏開始建立所謂的朝代國家，又經過夏、商，到周時才有了禮制、法規這些書面的制度。

所有大洪水期間倖存、遺留下來的上古典籍，經由夏商周，尤其是周初進行全國範圍的統一搜集，又經過春秋時期孔子為代表的大量匯集、總結、整理工作，才形成了這一整套儒學體系。因此，儒學體系不是孔子創造的，孔子只是把上古、中古時期遺留下來的，聖人、聖王作的典

籍語錄匯集起來，編撰成經，沒有添加自己的觀點，亦即不是他創造的。孔子述而不作、信而好古，只是進行了匯集、匯總、匯編，使上古典籍之精髓落地形成「經」。

孔子之前這些典籍、語錄是不成文、不成系統的，《尚書》、《周禮》中的文章都散落民間，是分散的。周初時，舉全國之力匯集了這些典籍，但在周初時並沒有人很好的整理，只是統一存放於國家圖書館中。後來老子成為國家圖書館的館長，孔子多次拜會老子，一是向老子求道問禮，另外很重要的就是在國家圖書館中將上古聖人遺留的典籍、散落民間的語錄、筆記重新匯集、編撰，並加以刪減，從而形成經典、經書。所以「經」的成形是從孔子開始的。

孔子之後，文化導向在戰國時有一段混亂時期，之後秦始皇焚書坑儒，推行法家的法學、法治，孔子的儒學體系就被打壓了一段時間，後來在漢初時由大儒董仲舒發起，漢武帝執行，罷黜百家獨尊儒術，自此開始儒學體系就在中華的文明文化發展過程中，成為一套體系完整的主流脈絡。從漢武帝開始，一直到清末，儒學都是中華文明文化

的主流，沒有任何一家能夠替代儒學的地位。

因此，我們講授國學大智慧，著重講的一定是儒學，這是整個中華文明、源遠流長的文化脈絡中最重要的主脈，其他的都是分支。有人會有疑問，難道陰陽家鬼谷子也是儒家的分支嗎？《孫子兵法》、《黃帝內經》也是儒學的分支嗎？是的，其他的都是分支，都與儒學有淵源。其實儒學即是中華文明的根源，真正的儒學經典都是上古和中古的聖王創作和發起的，只是由孔子匯集成經。

比如，伏羲、女媧發起的即是易之經典，《易經·繫辭傳》中記載伏羲始作八卦；《尚書》中孔子匯編的，都是三皇五帝等聖王們內聖外王之思想；《黃帝內經》記錄的也是黃帝和他的老師岐伯的對話。中華的聖王們才是上古經典的始作者，即最初的作者，而且不是一個人，是一批人。經典的形成是上古、中古至近古，經歷一個漫長的過程，不斷積累形成的，由孔子述而不作，匯總落地，進而教大家如何應用。

孔子至今兩千五百年，除了近百年左右中華大地不認

孔子之外，往前的兩千多年時間，中華都是在孔子為我們揭示的古之聖王經典指引下，文明文化在應用領域不斷生根發芽、發展壯大，形成了我們中華璀璨的傳統文化，涉及宇宙真相、社會結構、政治秩序，以及朝代的變遷，還包括我們的人文導向、倫理道德、禮規法治、道統綱常，中華從上古到現代只此一套體系沒有改變。

中華文明體系和所謂西方文明體系，以及信仰體系是完全不同的。西方的信仰、文明、文化，基本都是起源於一人，比如佛教就是釋迦牟尼佛祖創造的，在他之前是完全沒有的，在印度、尼泊爾出現之後，對原來本地的印度教、婆羅門教是排斥的，斥之為外道，是否定的，重新創立了一套自己的教理、教義。其他諸如西方的耶教、回教、基督教，同樣都是某一位聖人一個人創造一個教。

而中華的道統體系即文明體系，不同於西方，不是一個人創造的，而是一大批人，跨越千年萬年，一代代傳承下來的。這一大批人包括歷史上有名的聖王，伏羲氏、女媧氏、神農氏、炎帝、黃帝、堯、舜、禹、夏啟、商湯、

周文王、周武王、周公、孔子，這一大批聖王在不同的歷史階段，不斷積累形成了一整套中華道統之文明體系，其實傳承的都是一樣的思想、一樣的人文體系，從未有衝突，非常難得。

東方的智慧文明傳承和西方不一樣，西方不同時期出現的哲學家、科學家、自然學家、人文學家，不同人之間相互詆毀、相互排斥，基本沒有過一整套大家共同認可的理論體系。東方的特點是所有的聖王所說的都是一回事，所講的宇宙都是一套規律，不管是醫學角度、兵法角度、陰陽玄學角度，還是治國方略、社會結構、政治秩序、政治體制，以及人心、人性、人情方面，全都是統一的。從上古、中古一直到近古，聖王的治國方法也都是同樣的道路，聖王統治、駕馭中土眾生，都是以孝禮治國、治理朝代，非常一致，沒有矛盾衝突，更沒有排斥和否定。

歷史的長河中偶爾有些王，違背了聖王延續下來的道統體系，改變綱常，改變禮法，改變人倫道德、法治體系，所有這樣打破道統的王本身都不長命，其朝代也很快就被

推翻，或者根本無法傳承，都是不長久的。而發現具有歷史共性的是，真正能夠遵循道統，承繼綱常、倫理、禮規、法治的王，就會成為聖王，他的朝代就能夠代代傳承，幾十代、幾百年，這就是中華的道統文明。

中華文明文化體系，用簡單的兩個字概括即是「道統」，一個字概括就是「易」，即日月，也就是陰陽。道即是陰陽所化生，陰陽運作規律就是道的運行規律；統字之意為，一個道把方方面面的人事物，即宇宙萬事萬物合而為一，統一於一個整體。整體即陰陽，首先分出天地人三才，又根據天道即宇宙自然的運行規律，總結而成了八卦、六十四卦，進而形成《易經》。

先祖聖王勘透宇宙運行規律和人生真諦之後，發現了最基本的定律，天之運行規律即天道，又將其作用於人類社會，用以做事，進行萬物之間的溝通。符合天之道是我們中華道統文明中最基本的原則，為人處事符合天之道，天地人三才聚合，做任何事都能保持長治久安，而最大的應用即是在國家社稷、民族發展上，其實中華歷史兩千多

年來一直做得非常到位。

　而且，還有學習我們這套東西學得最積極又最像的，學了以後還一直延續傳承的就是日本。雖然我們的道統日本並沒有學到精髓，但即使僅學了皮毛、形式，卻堅持不變，一直延續著，因此現在日本在發達國家中也名列前茅。其實，我們應該好好研究一下，為什麼日本能夠成為名列前茅的發達國家，研究其社會結構、政治體制、政治秩序，實行的人文、人倫管理體制，基本上都能找到中華漢唐的精髓，日本就是在學習我們的盛唐，而盛唐是大漢延續而來，所以俗稱盛世漢唐。

　但是現在中國自己已經沒有祖先這套智慧體系了，我們雖然生活在中華大地上，可是根本不知道這套智慧體系了。那個最繁榮昌盛、文治武功天下第一的強漢盛唐時期，所用的制度、社會結構、管理統御眾生的方式，我們已經都不知道了。有一句流傳很久的話「崖山之後無中華」，即是講崖山之前我們稱為古典中華，崖山之戰蒙元滅南宋，追趕南宋末代小皇帝，最後一次海戰在廣東崖山，在 1279

年不僅南宋小皇帝投海自盡了，同時十幾萬士大夫跟隨小皇帝一起投海自盡，而這些就是中華積累了幾千年的精英層。人類社會的結構就是由社會精英層與平民層構成的，所有的智慧、人文、科技，一整套文明體系都掌握在精英層手中，平民百姓是勞力者，精英層是真正的勞心者、掌握智慧的人，亦即是以前的士大夫。

崖山海戰，十幾萬士大夫跟隨南宋小皇帝逃到廣東，這些忠心耿耿的士大夫，即當時的中華精英層，掌握整個文明智慧體系的階層都跟隨著誓死不降，最終一起投海自盡。那一役，蒙元把南宋精英層全部滅掉，從那以後中華文明元氣大傷，再也沒有恢復，而且越往後越沒落。直到民國，取消尊孔讀經，引入了現代西方自然科學，也廢除了科舉，隨後的新民主主義運動和新文化運動，對文字、文言文體系強烈抨擊，又經歷了新中國文化大革命，直到現在所有的傳統文化和文明、中華的整套智慧體系更是歷經浩劫，蕩然無存了，甚至僅掌握一點傳統文化知識的人都被消滅殆盡了。中華文明真正陷入到極其黑暗、看不到一點光亮的階段。

中華整個文明文化、祖先的智慧體系，延續了其實不止上下五千年，而且四大文明體系中只有中華文明還在延續。然而，到了現在的中國，中華文明卻快斷絕了。我們現在所講的內容，很多讀者看到後覺得很震撼，甚至絕大部分內容從來都沒聽說過，真的是很可悲。為什麼？因為現在我所講的都是中華傳統文化文明中最淺顯、最基礎的，是每一個中國人都應該知道的，但是現在甚至於研究傳統文化的學者教授都沒有幾個人知道。

　　崖山之後無中華，意即是崖山以後古典中華就滅絕了。何謂古典中華？即是還維持著道統、綱常、倫理、禮規一步一步建立起來的中華主體。1279 年之後就已經沒有這些了，現在我們雖然還稱為華夏文明，而真正的華夏文明是什麼還有幾人知道？

　　現在講的內容，還是儘量挑選大家應該能夠理解的、不是太顛覆的，而且並沒有講太深，我們講的僅僅是文化，是與傳統文化的志同道合者一起交流，但很多內容也要經過一段時間的修煉，把心量鍛煉得不太局限了，對世間事

物的認識、看法、認知以及判斷都相對客觀了，現實受到訓練所強加的觀念、錯知錯見、對宇宙自然的錯誤認識，在頭腦中有過一定的調整，形成一定的正見基礎了。隨著不斷修煉，不僅心量提升了，心的力量也會增強，更能勇於面對未知和恐懼，勇於面對顛覆的觀念、思想和認識。真相往往會帶來恐懼，甚至非常殘酷，而假象都是絢麗多彩，會迷惑人，所以有些內容需要密傳。

　　書中的內容是整個中華文明體系中是最淺顯的，每個中國人都應該掌握的。儒學絕不僅僅局限於一門知識體系，真正的儒學就是整個中華文明體系最好的呈現，而且沒有某個人自己的創造，孔子一再強調述而不作、信而好古，沒有自己的創造是最難能可貴的，所以孔子是中華文明承上啟下的、最重要的樞紐人物，把上古、中古及近古三個階段的聖人語錄、典籍都匯集成經，傳給後人。所有的陰陽定律，三才、四象、五行、八卦，對宇宙最基本的規律、定理的認識，都是孔子總結的。之後再沒有任何一位所謂的高人，能夠超越孔子。

因此，孔子之後無聖人，兩千五百年來沒有超越孔子的真正的聖人。一直以來，我們都在向孔子學習，甚至都沒有真正學明白，而且近一百年的中華甚至根本就不學了，只是排斥和謾罵，從而把中國帶向了深淵。反而是新加坡和日本學得挺好，所以他們治國比較成功，深究其根源就能知道，他們都是用中華的傳統文化在治國。

　　如果說我們的傳統文化是腐朽、僵化的，就應該認真研究一下日本、新加坡。上一章我們介紹過日本並不是向西方全面學習，而是在近代結束了黑暗的幕府政治，從明治維新提出了兩條基本原則後開始崛起，一是王政復古，二是師夷長技以制夷。日本天皇家族一直沒有斷過，再次確立起天皇的地位，謂之王政；復古是指國家的政治體制、社會結構、思想觀念等，一切都恢復從中華大唐所學，復古即是復大唐之古，日本派了很多遣唐使到大唐學習中國的文化、文明、政治、教育、農業，包括語言文字等方方面面，回到日本照貓畫虎一直實行著學習大唐的制度體系。後來進入幕府政治階段弱化了古制，明治維新又重新復古了大唐學來的治國方法、制度體系、思想觀念等，這是第

一步。

第二步師夷長技以制夷，才是向西方學習自然科學技術。所以日本明治維新可不僅僅是全盤西方學習，更不是只向西方學習好就能成為名列前茅的發達國家，其真正本質的內在管理體制、人文體系，應用的全是大唐時學習的。可見日本為何能在 1860 年後短時期飛躍，超越整個亞洲，背後原因離不開復古大唐。

然而，悲哀的是在日本復古的同時，我們中華卻開始滅古，甲午戰爭之後整個中華一片哀嚎，找不到救國之路，知道國家要敗亡，民族無希望，也不知如何向西方學習，其實直到現在也沒有學明白，反而把氣都發洩在自己的老祖宗身上。明清時已經把漢唐忘了，外族入侵多年本就在打壓，怎麼可能讓漢族完全恢復鼎盛。滿清被推翻後，民國建立起來，就沒有了方向，覺得傳統文化頑固和僵化，成了絆腳石，成了列強入侵、節節失敗的根源原因。於是我們跟日本正好相反，日本因復古而強大，中華則是滅古，滅掉古文化。我們才是真的全盤向西方學了，結果現在看

似經濟發達，但人倫道德、人文體系、社會結構等方面，根本沒有方向感，這種狀態如何實現復興？

新加坡在 1965 年獨立，七百多平方公里的小城市，沒有任何資源，英國劍橋大學畢業的李光耀，完全可以帶領新加坡向西方學習，但李光耀經過深思熟慮，跟新加坡的華人精英深入探討的結果，是國家治理絕不能完全向西方學習，可以學習西方科技，共用西方語言，與世界接軌，但是國家社會的政治體制、社會結構、民眾管理、觀念認知，以及國家延續發展的宗旨，最終確立必須以中華儒學為指導，而不是向西方學習。所以，新加坡一切的社會管理制度、人文體系、道德法治體系都是儒家思想和規則體系，而李光耀本人就是儒學大家，他不是向西方學的，其嚴格的契約制本質都是中華的傳統。

新加坡和日本真正發展的本質根基，強大動力都來自於中華的傳統文明，很多體制體系、觀念認知，甚至直接照搬漢唐時期中華的綱常倫理道德，這一點甚至臺灣和香港都做不到。只是完全學習所謂的西方民主，沒有繼承中

華道統文明，不能掌握儒學的精髓，更不知如何運用儒學、落地道統，深受基督教的影響，一味向西方看齊。宗教信仰變了，所有的觀念、認知都會受到最深層的影響，思維模式、行為方式就離開了東方的傳統，奔向了西方，結果不會長效發展，反而會亂，因為是東不東、西不西的四不像。

雖然都是華人，香港、臺灣與新加坡絕不是一個概念，新加坡真正有中華道統的傳承，是中西方優勢匯集之地，培養出大量的華人精英，既掌握西方語言、行為方式精髓及文明體制，又將東方傳統體制和道統體系展現得非常完美，真的是中國人的榜樣。中國人絕不是天生素質低、有劣根性，現在不受人待見、做事沒底線、沒有信仰，都不是中國人的天然本質，只是祖先的好傳統我們已經沒有了。然而，看到新加坡的現實例證，我們就能看到中華的希望所在，必有真正懂得中華傳統文化、掌握儒學精髓的明師出現。中華文明現在已經沒落至極，陷入極黑的黑暗之中，所以沒有人願意學習儒學、《孝經》。每當我發現這種情況就感覺特別悲哀，想把中華老祖宗的精髓傳給國人同胞，

但是真的很難。

如何為往聖繼絕學？中華如何復興？現在是全民娛樂，一部電視劇上億人追劇，綜藝節目唱歌跳舞幾億人瘋狂的看，但講文化、講祖先的傳統文明，幾乎都很反感，這就是中國的現狀。其實不就是在西方的引導之下嗎？讓中國全民娛樂、紙醉金迷、醉生夢死，這就是西方對我們的精神入侵、文化入侵。現在都在大力推廣最賺錢的，唱歌跳舞、娛樂網紅、帥哥美女層層歡迎，研究文化、文明的學者反而越來越受打壓、排斥，如此下去復興真的就是一個夢。

好好向新加坡學一學，這就是中華復興的榜樣，為什麼能夠在短時期內，從最弱的國、最匱乏的國家，1965年才建國，九十年代便成為世界最富裕的國家之一，在西方發達國家中也名列前茅，為什麼沒有人好好研究一下？所以，我要為大家講清楚儒學到底是什麼，有何功用，再繼續講《孝經》。

第二節

古聖王以孝治天下信仰凝聚
維護道統等級秩序應天教化

　　《孝經》是儒學的基礎，儒學是中華文明的根基，現在重新傳播出來了。不要以為《孝經》是孔子和曾子師徒所作，中華從黃帝、堯、舜、禹時就是以孝治天下，而周時以禮樂治天下其實就是以孝治天下。

　　堯把帝位傳給舜，就是因為舜之孝弘揚於天下，三皇五帝無不談孝、皆行孝道，這是中華道統落地形成綱常的最根本處，一切社會結構、政治秩序、治理體系都建立在此基礎之上。而且，凡是建立在孝之基礎上的王即稱為聖王，以孝為根基建立社會結構、綱常倫理、政治體制的朝代，必將流傳幾百年，甚至上千年，延續孝道越好，朝代延續的時間也一定越長。還包括家庭、家族、企業，都只有在這種觀念、這套體系下，才能真正的長治久安、興旺發達、代代傳承。

如何像新加坡一樣，在有限的資源下做到最大、最強？這個典型的成功案例真正學明白，就會發現其實全都源於中國，都是中華傳統，新加坡向西方學的並不多，真正主要的根、發展動力、國民的凝聚力等，全都是中華祖先的，實際上就是儒家體系。為什麼用如此大的篇幅講解《孝經》、講解儒學六藝？就是用儒家的教化、教養之道，培養下一代，培養精英層。自 1279 年以後至今，中華的精英層都未再建立起來，一個社會、一個國家、一個民族，沒有精英層，就沒有脊樑，就沒有大腦中樞，中國人從 1279年後中樞神經就癱瘓了，我們的脊樑被人打斷了近八百年的時間，中華曾經是一條巨龍、一頭雄獅，但是中樞神經癱瘓、脊樑斷了，也只能趴在地上。正如中華俗語所講，「龍游淺灘遭蝦戲，虎落平陽被犬欺」。

　　1279 年以後中華表面看似還很強大，但卻沒有了精神力量，尤其明清以後一再被外族入侵，八國聯軍一萬多人，直接打進北京把皇帝趕跑了，進入故宮，火燒圓明園，把我們積累千年、萬年的家底一搶而光，可見中華已經弱到了什麼程度，雖然大但是軟，所以被稱為「東亞病夫」。

然而，時至今日的中國真正強大嗎？經濟上有錢就是強大嗎？武器先進就是強大嗎？我們現在有沒有精神力量？精神力量是建立在信仰的基礎上，文明文化真正落地發揮作用，得有強大的精神力量作依託，然而我們現在有信仰嗎？

而且，如果基本的信仰都沒有，根本達不成共識，民族怎麼可能有凝聚力？整個民族都是一盤散沙，沒有信仰就沒有精神力量，沒有力量就無法凝聚，人人為了錢，追求物質，甚至不擇手段，如此發展下去，還談何民族精神，還有什麼國家概念可言？要清楚，我們現在常說的儒學，並不是漢唐以前的儒學，是有變遷、變化的，1279 年後中華的儒學就已經不是真正的儒學了，後來學習或認知的儒學，也就不是真正的儒學了。

儒學有三個階段，第一階段是春秋戰國時期，儒學的成形階段，由孔子匯編六經，孔子的弟子擴展為十三經。第二階段，漢唐時期是儒學真正的啟用階段，漢唐儒學是內聖外王之儒學，是真儒學。儒學分為君子儒、小人儒兩大類，內聖外王之儒是漢唐時期奉行，亦是盛行的儒學，

即所謂君子儒，是培養文武雙全的社會精英、內聖外王式人物的儒學。因此漢唐才能實現文治武功，國家民族屹立於世界之巔。第三階段，是漢唐之後的宋明儒學，完全不同且徹底改變了，清開始儒學逐漸沒落，民國就沒有了、取締了，而現在更無儒學。

春秋戰國儒學成形，漢唐真儒學內聖外王，宋明偽儒學即理學、理教，而我們自小所學的是偽儒學，其實我們真正要打倒的也是宋明以來的偽儒學，即理教儒學、理學。那我們要復興哪個階段的儒學？一定要清楚，是要復興君子儒，真儒學，即內聖外王之漢唐儒學，而不是恢復理教儒學，即所謂小人儒。

日本的百年企業超過三萬家，中國僅有幾家也極其勉強，並不僅是因為中國的朝代變遷，日本難道不是同樣在變遷嗎？但是日本千年以上的企業有好幾家，三、五百年的企業亦有很多家，難道我們不應該向其學習嗎？而且，學著學著就會發現，其實全是我們老祖宗傳下來的。現在的確也在向日本學、向新加坡學，但是最根本的本質、最

原始動力沒學到，只學了怎麼賺錢快，建設工業園吸引金融投資，其實沒有真正的意義，反而學成了四不像。

講《孝經》，其實講的是漢唐時期的儒學，即內聖外王的真儒學。為何用《孝經》可以講君子儒？因為孔子去世之後弟子已經分化，有內聖外王之真儒學即君子儒，又分化出一部分小人儒。所謂君子即是指國君之子，是統治階級，即諸侯、士大夫，亦即是精英層。君子儒的目的就是培養內聖外王之道，使人在內具有強大的精神力量，即內聖；在世間成就外顯的功業，即外王。小人在儒學之中可不是貶低、罵人的用詞，不是指小心眼、壞蛋，而是指普通平民，小人儒即是平民儒，也就是與治理國家的強大精神力量沒有關係的人群所學的儒學。

小人儒也同樣是內修德、外修禮，也學習「禮樂射御書數」，但其目的不是為了內聖而外王，僅是發展自己個人的品德、德行，不為在世間有所作為，也不為在精神領域成為內聖，僅是內修德。修德所得的是善報、福報，而不想成王，也無法成王。因此，平民所學的儒學非常死板，

現實中無法經邦濟世。如果學的是小人儒，即使學儒很多年，根本不知如何應用，更不知道所學之儒如何運用於經邦濟世，運用於企業管理、打造商業帝國，運用於國家民族的繁榮昌盛。而能應用儒學打敗競爭對手，成為最強大的，文治武功天下第一，是君子儒所學，亦即是漢唐時期的真儒學。

宋以後的儒學開始轉向，全民學的都是小人儒了，從而逐漸發展出現女人裹腳、限制自由，男人都是內修德、外修禮，研究樂器、書法，背誦經典，真正做事之時反而都用不上了。天天之乎者也，談天說地，文章都很出眾，但不知如何做事，也就沒有力量。

其實，君子儒和小人儒的區別在於，君子儒越學精神力量越強大，人越有信仰，投射在現實中的文治武功也越強悍，這是真儒學，漢唐時推行的就是這種儒學。所謂真儒學是以孔子親自編著的五經為具體的學習內容，但宋明時是以四書為學習儒學的具體內容，因此俗語稱「漢唐推五經，宋明崇四書」。四書即《大學》、《中庸》、《論

語》、《孟子》，其中沒有任何一部是孔子親自編著的，都是後世的子孫弟子編著的，《大學》是曾子作的，《中庸》是曾子的弟子，亦是孔子之孫子思所作，《孟子》是子思的弟子亞聖孟子作的，《論語》是曾子為主帶領後世弟子記錄孔子的言行錄，而且是曾子執筆的。所以宋明儒學建立在四書的基礎上，宋明之後的八股文都是如此，於是中國的讀書人就都偏向了，五經也就無人再讀了，這就是最主要的區別。

曾子本身是以孝得到了孔子的認可，後期一直跟在孔子身邊修行，最後也成為儒學五聖之一，但是由於出身、根性的局限，曾子根本理解不了孔子的一整套思想。我們研究歷史必須得研究清楚，然後再學。比如，《論語》到底如何而來，是孔子的弟子曾子主持編纂孔子的言行錄，而曾子為人古板、較真、僵化，所記錄的《論語》中，很多孔子的言行其實是錯誤的，根本沒有理解孔子為什麼這樣說，不清楚孔子說話時的場景及對象，所以《論語》無法體現出孔子的全部思想精髓。

其實就如同聽課一樣，所有課堂上的同學都在做筆記，而同樣一堂課上所做的筆記，每個同學都不一樣，甚至老師講的同一段話，不同人記的筆記也絕對不一樣。更何況《論語》中的記錄不可能都是孔子講課當時所記的筆記，還是過了很長時間以後回憶老師當時講的話，如何能記得清楚，所以我們要學習儒學應該從五經學起，不要從《論語》學起。曾子其實是前面所講的儒學中小人儒的代表人物，即是因為他的根性悟性、理解力可以看出曾子沒有得到孔子的精髓，甚至沒有得到完整性的傳承。但宋明以後的後世傳承就是曾子的儒學。

我們現在學的《孝經》，雖然是孔子對曾子講授的，但《孝經》記錄的是曾子和孔子之間的對話，曾子不可能自稱為「曾子」而是自稱為「參」，曾子名曾參，「子」是尊稱即先生、老師，所以《孝經》一定不是曾子所寫的。我們經考證發現《孝經》中有荀子的思想，甚至主要思想都是荀子的，所以《孝經》最終產生的時期，也有一說可能是荀子之後的戰國後期，而荀子是儒學中君子儒的典型代表。

我們要學習漢唐儒學，就要理清楚儒學的脈絡，不要隨意去學，本來是為了應用而學儒，結果卻學了小人儒，學習多年後發現沒有用，甚至用在企業管理、家庭生活中後，越用越糟，因為小人儒本就不是應用的，而是修內德和外行於禮的，讓人看起來彬彬有禮，溫良恭儉讓，內有德，能自律，但不是用於做事的，即所謂為平民準備的儒學，而不是為精英層準備的。精英層是要帶領整個民族、整個國家開疆擴土、建功立業的，想達到這個目的就必須得學君子儒。自己千萬不要理解錯了，反過來污衊孔子，認為孔子是騙子，學了多年儒學結果學成了老學究，講一點禮後外形是有變化，不粗魯、溫良恭儉讓、彬彬有禮，自認為自己是君子，其實並不是有點禮貌的人就是君子，而是貴族才稱為君子。

　　儒學兩套體系，小人儒的傳承形成了儒學的理學，即偽儒學，宋明以後對民間影響最大，直接影響到科舉，即四書、八股文，所有讀書人都必須以此學習，所以自此中華越來越弱。而君子儒孔子傳給了子貢，子貢是踐行者，會用但沒有著書立說，他是魯國的宰相，而且當時在幾個

國家都曾做過高官，也做大生意，非常的忙，是君子儒踐行的第一個代表人物。後來，荀子成為君子儒得集大成者，而秦朝的丞相李斯以及韓非子，是荀子的直系弟子，西漢的董仲舒是傳承荀子的後世弟子，進諫漢武帝罷黜百家、獨尊儒術，推行的即是漢唐儒學，傳承的就是子貢、荀子這套君子儒，將中華帶向了世界的巔峰。

所以大家可以理解，學儒之所以要從《孝經》學起，即是因為《孝經》由荀子傳承的思想而來，是君子儒的基礎，有一整套內聖外王的體系，包括如何內修、如何外修、如何圓滿、如何建立信仰、如何強大精神力量、如何凝聚人心。我們之前所講的「以順天下，民用和睦，上下無怨」，能將眾生凝聚起來，一起做成事業，即是內聖外王之道，這才是孔子真正的傳承。所以我們從《孝經》開始起修，其實學的就是荀子的君子儒，當然是孔子真正的儒學。

荀子這一生著重研究的就是孔子編著的六經，詩、書、禮、樂、易、春秋，專門進行匯編、注釋、總結、研究，研究過程中發現曾子主持編纂的《論語》根本不是孔子要

傳達的意思，其中有太多的問題，內修德還可以，外要稱聖、稱王是不可能的。孔子的儒學建立基礎是我們上古、中古聖王的傳承，其中是有王道的，不僅是告訴我們個人修行、修德，如果只修個人，就失了孔子匯集、落地、傳承上古聖王之經典的本意。

上古經典的創立者都不是普通人，都是王所創作。堯、舜創作了《虞書》，大禹創作《夏書》，商湯創作《商書》，周文王作《周易》，黃帝、岐伯創作的是《黃帝內經》。而儒學則是把這些聖王所創集中起來，不要以為儒學僅是讓我們做好一個平民，只修自己稱為小人儒，豈不狹隘？孔子傳授弟子的即所謂經邦濟世之學，是在現實中培養王道之人。後來的荀子著書立說，最不屑的就是小人儒，荀子是孔子的隔代弟子，經過研究六經發現，小人儒的思想和格局太狹隘了，根本不知道孔子真正要傳遞的是什麼。

我們曾經講過，曾子是顏家莊人，其父名為曾點，孔子早期開始教學時，並沒有貴族聽他講課，因為沒有名氣，所以只能在他母親的家鄉顏家莊，教的都是些窮親戚，即

是平民階層，交給孔子一束脩即十條臘肉即可拜師學習。曾點就是此時拜孔子為師的，但曾點一輩子沒有學成什麼，更沒有著書立說、教授弟子，他的兒子長大以後直接跟隨孔子學習，也是顏家莊出身，不是貴族而是平民，格局、心量、考慮問題的角度等，各方面都達不到一定高度，生活環境不一樣，則無法理解精英層，所以很多孔子的課他聽不懂，雖然也是聖人，但這些都有史料的明確記載，沒有任何內容是我個人杜撰，只是為了告訴大家儒學到底是何由來，如何傳承，何為真。

我們現在學的《孝經》，即是跟隨荀子的傳承傳下來的，因此要告訴大家《孝經》本身就是君子儒的基礎，必須得先學好。而荀子宣導的君子儒，整套經邦濟世體系就是建立在等級、秩序的基礎上的，所以等級秩序講得最深、最透、最到位的就是《孝經》，孝乃德之本，教化之所由生，君子儒的教化即是從《孝經》開始。

《孝經》第二章，講的是天子之孝。《孝經》分了五個等級稱為「五孝」，天子之孝是最高的孝，而後是諸侯

之孝、卿大夫之孝、士之孝、庶人之孝。前面四孝，天子、諸侯、卿大夫、士，都是貴族階層，而庶人即是平民階層。在其位謀其政，孝並不是一致的，學習之後就會明白，孝可不僅僅是孝敬父母，與我們現在理解的孝完全不同。

天子之孝，講的是天子應該遵循的標準、應該做什麼，並不是如何對天子盡孝的意思，而是天子的行為規範，以及應該樹立的綱常、倫理道德標準。諸侯之孝，是講處於諸侯的位置，究竟立身何地，在何位謀何政，從而樹立諸侯的標準，即謂之德。君子之孝即稱為君子之德，即諸侯之德、卿大夫之德、士之德，同樣庶人之孝亦稱為庶人之德，平民百姓應該如何為人處事，應該如何樹立標準，何為最重要的標準。

天子即所謂「受命於天」，承天命之子，夏商周時期天並不是指自然規律，那時最講究的是祭祀，祭祀中最高的神叫做天帝，所以天子在那個時候特指天帝之子，意即是「君權神授」，不是隨便想做就能做，而是神授的，是天下之君，人要爭天子之位，即稱為作亂犯上。周時實行

分封制，管轄、統領諸侯國之諸侯王的就是天子。從商開始才有天子的概念，商以前沒有天子，所以商朝的典籍和周朝的典籍中，即可發現商以後才有天子的說法，即所謂君權神授、不可改變的天子。絕不是人間有力量之人就能做天子，並不是爭得的，君權如何神授都是有歷史淵源的，是歷史沉澱而來。

有人會問：「老師，既然商湯本身是夏桀之臣，那後來把夏桀滅了，這難道不是以下犯上嗎？周文王、周武王把商紂王滅了，而商紂王是天子，周文王是他的臣子，為何不是犯上作亂，卻還能稱王？」

商湯滅掉夏桀，周文王、周武王滅了商紂王，我們不稱其為犯上作亂，稱之為聖王，其中是有標準和準則的。我們前面講過，中華最講究的是道統，道統、綱常、倫理道德，這一套標準形成了禮制、禮規，後面才有法治、法律，這套完整的體系是建立道統基礎上的。真正成為天子之人，是維護這套道統、綱常、倫理道德標準，以及禮規、禮制的人，此即謂奉天承運，代表天神在人間行使使命，

相當於是個代理，得聽天的亦即是聽天帝的。天帝定立的綱常，天子只是實行者、維繫者、承載者，必須記住不能打破、不能改變道統、綱常、倫理的道德標準，也不能改變禮制、禮規、禮法，改變、打破者就是逆天，逆天則上天震怒，就會重新授命予新的天子，即重新指定代理，並讓他推翻前面的逆天者，新受命者再來做天子，繼續世襲。

自古以來，中華就有這樣一套道統、綱常的維護體系。無論夏桀、商紂、秦始皇，都是不符合道統，不按照綱常行事，而是一意孤行，覺得自己是人間之王就可以說了算，覺著自己最大、最厲害，把前面所有的道統、綱常都打破，所謂的要建功立業。像秦始皇統一六國、建立統一大業之後，並沒有恢復這一套道統、綱常、倫理道德體系，把周之禮制體系全都打破，這就是逆天，而天就會重新選新人將其滅掉，所以秦看似那麼強大，卻十五年而亡。

歷史上所有的亡國之君，基本都是破壞綱常者。緊隨其後建立的國家，如果能夠按照這套道統、綱常、倫理道德體系恢復起來，這個朝代就能夠世襲下去。到某一代又

出現了所謂聰明、有能力的子孫，又去改變這套道統、綱常之時，這個朝代就又該敗亡了。

所以中華的歷史就是如此，守護道統、維護綱常者「內修德以應天」，若無德則天遠離之，「外行禮以教化」，有禮儀的形式來教化民眾。所謂禮儀，就是對天的祭拜、祭祀的誠敬之禮顯於外，從而形成了禮儀規範，以此教化眾生知道誠和敬。其實最終的對象就是向天子誠敬。之所以向天子誠敬，因為天子此人可不一般，代表上天。於是我們層層的等級制度就此建立起來，而建立的基礎就是人神之間有的等級，神在人之上無需講何道理，也沒有所謂的平等，神在管理人。

有人疑問：「老師，您之前不是講無神嗎？」

我們所謂的無神是指沒有創世之神，沒有所謂的造物主。而我們剛剛所講的神相當於我們的領導，是指力量強大的所謂的神，不是我們的造物主，也左右不了我的命運，與西方的上帝不一樣。

有人接著問道：「老師，那究竟有沒有天神？有沒有

神明啊？」

　　舉頭三尺有神明。如果這句話都不認，覺著舉頭三尺之神明肯定沒有，就是所謂的唯物主義者，那這套中華道統體系根本學不了，中華文明的所有智慧建立在萬物皆有靈的基礎之上，其實更貼切的稱呼是靈，而不是神。如果不承認萬物皆有靈，只是認為人就是人，只要看不見的東西都沒有，那就不要學中華文明了，再怎麼學也永遠入不了門，絕對看不透、看不懂、看不明白這套禮規體制。

　　孝是禮的基礎，沒有孝就沒有禮。《孝經》第一章開宗明義之後，馬上為我們列出了五孝，即上天之神明給五種人立的規矩，首先天子如何做事，符合什麼標準，天子在何位謀何政，如何謀方得長久，隨後是諸侯應該符合什麼標準才能長久，這些所謂天神旨意的標準，其實是完全符合人心、人性、人情的準則。真正學明白天子之孝，現實中作為企業老闆，相當於自己商業帝國中的天授之子，是最大的、掌握所有資源的人，就能夠知道按照什麼標準做事能夠長治久安，而企業中也有相對應的諸侯、大夫、

士，也有庶民，甚至亦可對應至家族和家庭。

五孝基本學明白了，再看自己所處的位置，即可謂之立身，知道自己處於什麼位置，然後就能知道應該怎麼做，謂之行道。進而《孝經》講述天子之孝、諸侯之孝、卿大夫之孝、士之孝、庶民之孝，就要按照這五孝中所講的標準去做，家庭、家族能夠長治久安、繁衍生息、興旺不衰，企業、國家同樣能夠長治久安、繁衍生息、興旺不衰。

中華幾千年悠久歷史一直如此，凡是按照道統確立綱常，然後遵循具體的倫理道德和禮規體制，一套完整的體系就此應運而生、長久延續。我們學習儒學必須從根上學起，而後把這一整套體系都學明白，就能知道在家庭、家族裏、在企業管理中、在國家治理上如何應用這套道統、綱常體系，其實都是一回事。

第十三章

順天下國泰民安有效傳承

真天子孝禮制約天下表率

第一節

合乎禮不僭越立規矩培養人
國家無順上下皆亂富不過三

前面講到《孝經》第二章即「天子」，從此章開始進入天子、諸侯、卿大夫、士、庶人，連續五章內容，即所謂五個等級的人應該實行的孝，所以稱之為「五孝」。亦即是孝應用於五個等級的人都是何種形式，首先我們講解天子章，即天子之孝的標準。

中華古代先秦時期，基本上將人劃分五等人、兩個階級，兩個階級即是貴族階級和平民階級，也就是統治階級和被統治階級，五等人中天子、諸侯、卿大夫、士，這四個等級都屬於統治階級，只有庶人這一等級是平民階級，即被統治階級。

在這兩階級、五等人的劃分中，孝延伸出去就是禮規，即禮儀規範、倫理道德標準，在其位謀其政，什麼位置就得遵照什麼規範和標準，這即是禮，要合乎禮，而不能僭

越。周初時候特別看重禮，禮也就是所謂等級規範，將人按照固定的社會結構劃分成為五個等級，每一等級的禮儀規範規定得都很細，甚至出門駕車，庶人即平民不可以有車，只有士以上即貴族才可以有車，然後最低的士即小貴族，只可乘坐駕兩匹馬的車，而卿大夫、諸侯則乘坐不同駕馬數量的車，天子乘坐駕多少匹馬的車，這都是禮的一部分，不可逾越。再比如住宅、院落，幾進幾出、多大的庭院、有幾間廂房，不同等級都是有規定的，非常嚴謹。

春秋之前，西周最重禮和等級，對等級規範特別注重，而且事事皆如此，如吃飯上菜，幾個葷菜、幾個素菜，都有嚴格的規定。只要等級不同，穿的衣服、吃的飯菜、住的宅院、出行的馬車，甚至院門的大小、門庭上的字和裝飾，都有嚴謹的規定，這些都是禮的重要組成部分。透過詳細的嚴謹規範，將禮的等級彰顯得非常明顯，一眼即可看出一個人是何等級，且下一級必須絕對服從上一級，相應的禮儀規範、等級秩序不可僭越，如果僭越即是大逆不道。

上述這些就是現代人所理解不了的，現在哪還有這些禮？無論任何人開什麼車、住多大房、穿什麼衣、吃什麼飯，都沒有標準規範，現代社會即是所謂的一視同仁、官兵一致，強調的是兼愛、博愛，好像沒有高低貴賤之分，人人平等。只要有錢，無所謂貴族平民，都能開賓利、坐勞斯萊斯；即使是總統、首相，只要沒錢，也得開輛二手大眾 POLO。所以，現代人根本已經沒有了禮儀、規範，也根本理解不了古人，這種狀態下，只看有沒有錢、能不能消費得起，有錢就住最大的豪宅，就開遊艇、開直升飛機、坐私人飛機，沒有任何的等級層次，富二代家裏有錢，「我願意、我任性」任何人也管不著。然而中華萬年歷史中只有現在是這個樣子。

　　自古以來的等級、規範、層次，在中華尤為嚴謹，但是近百年來，中國在這方面已經完全沒有了，一切所謂的封建殘餘、所謂的等級制度全都被掃盡，而現在所謂打破等級觀念，其實並不是徹底打破過去的等級制度，而是把舊的等級、階層打破，重新建立新的階級。所謂的封建統治階級，即以前的精英層在引領主導國家，現在把以前社

會的精英層、統治階級推翻、消滅了，其實社會依然還有階級，但階級之間不是上下穩固的，也不強調穩固，而是一直不斷的鬥爭，這在人類歷史上是沒有出現過的，尤其中華歷史上從未有過。如此到底是走向一條新的發展之路，為民族帶來了繁榮富強、繁衍生息，還是帶向了災難，好與不好並不知道，因為沒有驗證過。

自古以來，上古、中古，直到近古的秦皇漢武、唐宋元明清，沒有過現在這種社會體制、社會結構、階級劃分、階級鬥爭的提法，也就沒有驗證過，現在都在驗證的過程中，所以不能妄下結論。不能一味的說古代就是不好，認為現代就是好，也不能一味覺著古代好，現代就是不好，得看發展結果，以結果為導向。一套新的理論，一套新打造的社會結構、秩序、體制，必須得經過實踐，最後看在這套體制下，能不能國泰民安，百姓會不會長治久安，是否符合民眾的意志，上下皆順。

《孝經》第一章開宗明義，即已講述「先王有至德要道，以順天下」。一套管理制度、社會結構、秩序體制，

首先的驗證為是否以順天下。順的意思就是，治理過程中有長治久安的狀態，百姓安居樂業而不是天天折騰、喊打喊殺、甚至血腥殺戮，而在實現國泰民安、安居樂業後，順的意思還有非常重要的一點，就是必須能夠穩定、有效的傳承，而不是每次傳承時都要經過爭鬥、搶奪，這樣傳承其實長久不了，倘若每次首領更換的過程，都會血腥屠殺，上層不穩，下面的百姓一定不會穩。

因此，在中華歷史上，傳承其實是有明確規律的，從三皇五帝到夏商周，尤其是西周時期嚴格制定了嫡長子繼承制。在周之前還有一種繼承制稱為兄終弟及，既可以兒子繼承，也可以弟弟繼承，那個時候還沒有嚴格的單一規定，而到了周朝就實行了嚴格的規定，對於政治秩序能夠有效的傳承，這是非常重要的一項制度。否則，無論創始人有多大的豐功偉績，多麼雄才大略，打下天下也得傳承，如何能夠有效的傳承一直是個共性的問題。其實不僅僅是國家民族如此，我們的企業，或者我們擁有一定的私有財產後，都有一個傳承的問題。

對現在的中國人來講，這是一個尤為重要的問題，現在強調讓大家先富起來，即是可以有私人財產，其實前後很矛盾，很多企業家經過艱苦的拼搏，有了一定的私有財產，或者擁有私人企業之後，是否完全合法、被認可尚且不談，但必然涉及到傳承的問題，到底用什麼機制傳承，現在中國尚無章法，所以還很混亂，很多人根本不知道應該如何傳承，根本沒有這個概念，沒有一個方向。於是現在就出現了企業富豪，到底應該傳給兒子還是女兒，是傳給有能力的孩子還是應該所有的孩子平均分配，其實根本不清楚，非常的混亂。

中國目前第一代的創業企業家年齡逐漸大了，就要面臨傳承的問題，但是幾乎每一個家族企業都解決不了這個問題，因為沒有方向，對於傳承這件事，整個社會都是亂的，不是所謂的以順天下。若天下不順，僅僅一個傳承難以解決，國家和民族的領導者也就處理不好傳承問題，那麼整個國家一定一直處於混亂狀態，而且是上下皆亂；家族企業也就沒有很好的傳承機制，則一定富不過三代，甚至一代之後，孩子們為了爭奪繼承權爾虞我詐、不擇手段，

甚至兄弟姐妹相殘，這種事看似在電視劇中比比皆是，但是原型都是現實社會中的。

而所謂的獨生子女簡單一點，其實只是簡單在一代傳承，二代之後還只是一個孩子嗎？一直這樣單線傳承嗎？二代下面已經放開了二胎，甚至三胎、四胎逐漸可能都可以放開，那時二代應該怎麼辦，他還懂得如何傳承嗎？其實從創始人第一代，就應該把家族傳承、企業傳承的章法、規矩定立好，然後一代一代按照規矩章法傳承下去。但是現在沒有章法，也不懂規矩，所以傳承有兩大問題，一是傳承的規矩，不知如何定立才真正有效，才能保證順利的代代傳承下去；二是對傳承人的培養，如何打造傳承人，使之能夠繼續有效的傳承。

現在第一代創業者，創立企業、打造商業王國可能很成功，但是傳承予何人是否有規矩，如何培養傳承人，能夠有效承接企業、事業，才是現在面臨的主要問題。事實上，不僅在中國大陸，全世界面臨的是更嚴重的問題，就是很難培養出一個合格的接班人，因為涉及到現在的教育

體制，都在沿用英式、美式教育，在思維邏輯、自然科學方面，培養、培訓得非常多，但是在人文方面以及倫理道德、人際關係、情商方面，都是沒有培養訓練的。

　　現代教育體制，孩子七歲入小學，十八歲上大學，學的全都是自然科學，幾乎沒有人文道德的教化，甚至博士畢業以後，也只是對某一領域的自然科學知識有比較深入的研究，其實僅僅是皮毛的瞭解。我們步入社會以後，自然科學僅是技能而已，更多的是與人打交道，是有沒有成功的觀念、管理的理念，還是人與人的關係。而我們從幼稚園一直到大學甚至到博士畢業，看的都是分數，分數是不需要人際關係的，分數高考上優秀的大學，看起來好像一切都好，其實智商高卻可能情商很低，不會與人打交道，因為從未學過。

　　現在中國全盤西化的教育體制，無論英式和美式兩套教育體系其實都是一回事，側重點稍有不同而已，都沒有任何的人文教育，所以現在整體的教育體制有重大的缺陷。中華自古以來的教育，本來非常重視人文方面，講授宇宙

自然的真相，何謂正知見，應該樹立怎樣的觀念，如何看待人事物，進而如何做事。古代在孩子上學時，即十八歲之前就教會這些溝通之道、管理之道、成功之道，同時也有自然科學的學習，這就是中華自古以來，尤其是漢唐時候的精英教養方式，其實非常全面。但是，近兩百年基本上都被打倒了，祖先留下的體制都被當成糟粕，扔進了歷史的垃圾堆。

中國的孩子，要培養成接班人，即使學習再好，考上劍橋、哈佛又如何？那只是在自然科學領域、技能方面有所造就，步入社會以後，即便是做科學家、做技術人員，還是離不開人性、離不開人脈、離不開與人打交道。現在多少孩子上學時考試分數很高，走到社會上做什麼都不行，這就是我們的教養問題，就是我們下一代接班人的培養問題。

因此，現在就是在講以順天下，順即是指自上而下順序而為，亦即是上要有天子即領導人，而一套體制向下的傳承實在太重要了，接班人的傳承規矩定立不好，做不到

順，當然也順不下去。國家傳承太高遠我們暫且不論，如果有自己的企業，或者家族私有財產，傳承也有順的問題；其實家族的延續也有順的問題，必須得考慮。此即為何講授儒學要從《孝經》開始講起，因為涉及到千家萬戶，不僅是讓大家行孝、孝順父母，這只是小孝，不用多講都知道中華民族最優秀的傳統美德是孝，其他民族很多不講究這方面。

我們如何學好《孝經》？《孝經》為我們揭示了什麼？先祖聖人們是怎麼做的，為什麼定立這些制度？現在為什麼又再一味的打倒？真的沒有任何好處了嗎？這些問題都得分析透徹，如果認為古老的東西都不好，為何這麼多人花大價錢買古董收藏？古董即是精品中的精品，可以世代留傳下去、長期收藏的。現代的東西雖好，其價值遠不如古代留下來的精品。古代的陶瓷、絲綢、書畫、器皿等，能流傳下來的肯定都是精品，大家都極其願意收藏和珍愛。為什麼對待古文化就不能用這種態度呢？為什麼要把所有的古文化、古之聖賢的文化全都打倒、打碎、砸爛呢？

中華民族文明上萬年的傳承，其實真正從文化角度傳下來的精髓，遠比古董、陶瓷、書畫、絲綢、器皿要精緻、偉大得多。我著書講述《中華文明的真相》，傳播國學大智慧，其實就是想辦法把中華文明中，可傳承、具有極高收藏價值的文化精髓呈現給大家。真正掌握了這套智慧，價值遠比家中收藏很多古董要高，掌握的這些智慧、文化精髓，也真的能夠實現一代一代潛移默化的傳承給子孫，非常落地實用，沒有虛的。

《孝經》為我們展示的文明精髓，每一句都有極深的含義，包含著先哲、先聖們極高、極大的智慧。中華先聖對宇宙真相、人生真諦的深入解讀，看到了本質，然後建立道統，樹立綱常，設立倫理道德，形成世間眾生、百姓可執行的禮儀和規範，再由法治相配合，這就是先祖為我們制定的一整套社會結構，以及政治秩序體制，亦即是中華文化真正的精髓之所在。

理解透這套體制精髓到底是什麼，為何如此制定後，用於提升個人修養，進而用於家庭、家族的繁衍生息，繼

續應用在自己的企業上，使企業的管理和傳承都深深受益。反之，如果不懂這些，則不知如何修身，就是個迷人，每天忙忙碌碌看似勤奮努力，卻不知道自己到底在做什麼，就是所謂的行屍走肉。不知道個人如何修身，肯定就不知道個人如何發展，不掌握這些智慧，也真的不知道家庭如何延續。家庭的延續很簡單，不外乎三種關係，第一關係是夫妻之間的相處，如何能夠白頭到老，其實很不容易，中國現在離婚率超過50%，即是因為不知道夫妻相處之道，現在的人甚至都不懂最基本的人如何做，人際關係的本質到底是什麼，所以第一即是夫妻之間根本不會相處。

第二是不知道如何與孩子相處，對孩子應該是何狀態，父親在孩子面前的基本狀態，媽媽的角色狀態，全都不知道，都是亂的。而且如何教育孩子，是應該按照現在的教育體制嚴格要求，考高分、上重點大學、找到好工作，還是應該進行快樂教育、開心教育，也都不知道。做父母的全是亂的，不知如何做，還都想望子成龍、望女成鳳，結果都是按照自己以為對的方式做，同時聽各種專家的課程，聽之後發現都是衝突的，根本實現不了，其實專家也不知

道如何處理父母與孩子之間的關係。

　　第三是與父母的關係也處理不好，而且現在是雙方父母的關係都不知道如何處理，不僅婆媳之間關係不好，老公和丈母娘之間的關係也不知道如何處理，全都不會處理，所以矛盾重重、衝突不斷。這是家庭中的三大主要關係，現在基本都處理不好，更不要說兄弟姐妹間的關係了，根本不知道怎麼處理，所以現在的兄弟姐妹矛盾隔閡不斷，多數形同陌路。事實上，如果這些關係處理不好，也就是我們的家庭關係不好，就代表我們根本不知道人與人之間關係的本質，是我們人際關係中情商的具體表現。其實不必奢求真正處理好外部關係，即便是家族關係現在還有幾人會相處？家族內部親戚之間的走動來往都很難。

　　社會上的所有關係其實都是家庭關係的延伸，如果家庭關係都不會處理，社會關係一定處理不好，這都是《孝經》所講的內容，所以不要以為孝只是對父母至親盡孝，其實孝講的是關係問題，孝延伸出去即是禮，而溝通即是樂，現在的家中究竟會不會溝通，是否知道禮的本質？在

家中無禮，整個家就是亂的，進而所有關係就都是亂的。首先會導致夫妻離心背德、感情不和，本來沒有血緣關係的夫妻之所以能在一起，或因相似或因互補，完全不同家庭成長背景的夫妻二人，如果相處全憑自己的感受，二十四小時生活在一起，肯定無法一直往前走。所以現代人都憑自己的感受行事，就是問題所在。

有人問：「難道現在就沒有關係好的家庭了嗎？」

當然是有的，但是所謂的關係好，並不是真正通達了人性、人情，知道人與人之間的關係本質，若不是在此前提下，所謂夫妻關係好，其實都是一方在忍受，或者雙方都在忍耐，也就是其中一方特別強勢，另一方一直軟弱，如此關係才能夠一直好下去，家庭還在延續，但是矛盾還在，破解不了、解決不了。

再者，不知道與孩子相處的關係本質，就不知道如何教導孩子，管得太嚴孩子生恨，就會出現各種心理疾病；控制得太鬆孩子又容易任性妄為，所謂順其自然的發展，但孩子就像小樹，不箍綁不修剪，不把方向修整好則一長

就歪。現在的家庭教育，孩子一箍一管就緊，一鬆一放就歪，這已是現在解決不了的問題，就是因為沒有智慧。然而，我們的先祖聖賢，幾千年前就已看透，早就把解決辦法詳細的明文記載，留傳給我們後世子孫了。我們不用再去過分的學習、理解、感悟，然後重新創造，只需要將先聖所傳拿起來一代一代的學習，不要去改變，不要再暴力的推翻、否定、排斥，直接學好就用即可。這就是講《孝經》的真正意義所在。

我們在講「順」，任何體制、任何規章制度、倫理禮儀，到底是好是壞，只有依照古人古制沿襲下來的，才能夠知道所謂的好與壞，有史為鑒，按照聖人所傳的體制秩序、社會結構、道統綱常、倫理道德、禮規法治這套體系治理的朝代，能夠延續幾百年，傳承幾十代，每個朝代由無數個家族、家庭構成，順的是這套綱常倫理禮規，而不是單純的國家意志、家族意志，或者家庭意志、個人意志，得是按照這套體系從上到下貫穿的意志，才能保證正常的延續發展，老百姓生活狀態安穩，都是有借鑒性的。

但是，現在新制度的創立，把原來的全都打破了，但是尚未得到驗證，一定要靠時間沉澱。我們要看驗證結果，首先是否以順天下，第二是否民用和睦，應用一套機制治理國家，管理企業、家族、家庭，必須得經驗證，除了順即正常傳承，第二就是內部是否團結和睦，即民用和睦，如果一套體制下，民眾既能心甘情願接受，又能安居樂業、和睦相處，沒有暴力衝突，沒有血腥殺戮，即可以經過驗證。第三是上下無怨，統治階層是上，庶人平民為下，意即是統治階層開心高興，普通平民百姓也開心高興；或者家中實行得好，上下無怨即父母長輩很開心，夫妻之間很和睦，子女、子孫也都高興，上下皆順皆無怨。

　　能做到以上三點，一套體制秩序、社會結構，即可稱為至德要道，此即謂之大德，「以順天下，民用和睦，上下無怨」。如若不然，天下不順，百姓衝突混亂，上下怨氣沖天，就不是德了，反而積的是孽緣，就是造惡。所以在此透過《孝經》的學習，就是要知道古人為什麼要定立這套制度體系，為何從孝開始，孝代表什麼。天子之孝、諸侯之孝、卿大夫之孝、士之孝和庶民之孝，為何五孝都

有不同？如果人人生而平等，天子也是人、諸侯、卿大夫、士和庶民都是人，應該只有一種孝，為何分出了五等？而且五等之中對孝的概念，提倡的完全不一樣，接下來我們就開始具體講解為何如此。

第二節

真龍授權天子國家象徵
中華文明傳承崖山斷代

首先看第二章天子，對天子之孝的定義，【子曰：「愛親者，不敢惡於人；敬親者，不敢慢於人。愛敬盡於事親，而德教加於百姓，形於四海。蓋天子之孝也。」】

前面說過天子之孝即是天子之禮、天子之規範，亦即是天子之道。何謂天子？即天之子，天子的概念是從周開始真正明確的出現。之前的書中曾經講過中華文明的淵源，其中有全神的時代，有上古半神的時代，後來逐漸過渡到人的時代。大洪水之後半神時代結束，就進入到人的時代，而早期的人還沒忘，知道有神及半神的存在，而且神與半神對我們這個地界的人，及其生存環境、生態環境有著很大的護佑的作用，或者是毀滅的作用。所以，在上古、中古及近古，都有祭祀活動，尤其是有文字記載的商、周時期，商的甲骨文發掘出十五萬片，其中絕大部分都是祭祀、

占卜的辭或字，記錄的都是這些活動。

在遠古、上古、中古時期，上層統治階級都會進行祭祀活動，而平民百姓不能做這種事。統治階級把占卜、祭祀當成第一位的頭等大事，大小各類事務都要請問神明，稱之為占卜，而祭祀即是與神明溝通。所以那些時期的人間之王一定都有兩個身分歸於一身，一是神權，一是君權。神授之權歸於自身，代表人與神明溝通，這也就是祭祀儀式、形式的由來。溝通以後要在現實中做決定，即是人間之王掌握著君權、人權。因此中華自古以來，具體是在周武王之前，都是君權和神權合二為一的，人間之王同時又是大祭司，有通神的使命。

其實在我們遠古的文獻中，就把這一類人稱為神之子。在夏商周之前，拜祭、祭祀上蒼即神明，其中最大的天神稱為天帝，相當於玉皇大帝，是諸神之首。人間的帝王就得祭祀天帝，與之溝通，到了周滅商後，周的王就稱為天帝之子，即所謂君權神授，天子祭祀與神明溝通，那是第一等大事，自然界、人間發生所有事，部落之間發生戰爭等等，都得祭祀。而儒者精通整體的祭祀儀式，即溝通神明的方式，這才是真正的術士，這就是儒者真正的來源。

天子代表的是人間的帝王，也得到天帝的授權，即所

謂君權神授，所以才稱之為天子。所以天子在中華就是民族的第一領導人，當然自古都在之前加上真龍二字，即真龍天子。意即是真正最高的神還不是天帝，其實天帝之上還有龍，龍才是我們中華民族真正的締造者，整個中華文化文明體系、我們的一切其實都是龍給予的，因此我們是龍的傳人。而歷史上有很多的假龍，不是天龍，真龍是天上之龍，有一些水中之龍、地上的龍甚至有些大蛇，都假扮成真龍在人間興風作浪，也能一時得勢，但是假龍長久不了，只會給百姓帶來天災人禍，帶來混亂，帶來血雨腥風。

自古中華炎黃子孫都會期盼真龍天子，所謂真龍好像是神話傳說，但萬年不變都稱我們為龍的傳人，真龍其實是有原型的，並不是完全虛構。如果修行達到一定境界，就會知道這不僅僅是神話故事，真龍對中華民族炎黃子孫的繁衍生息、安居樂業太重要了。一旦龍的力量強大，中華民族馬上就會飛躍起來，那是整個民族的魂，中華的精神支柱，炎黃子孫的內在力量，絕不是虛的，不是妄想出來的。真正的天子即是真龍授權之君，也就是人間的帝王，而且僅指真龍直接授權的帝王，即人間聖王。

真龍天子出現，一個朝代至少能夠延續幾百年、傳承

幾十代，而且都會有幾個巔峰盛世的興旺，如果是亂臣賊子的假龍得了天下，中華就會血雨腥風，百姓就要生靈塗炭，天災人禍將會不斷，天下就大亂了。因此，天子僅指真正君權神授，即真龍授權之君。而真天子的工作性質，做人做事的標準又是什麼呢？我們現在覺得歷史上封建社會的皇帝，都是「普天之下，莫非王土，率土之濱，莫非王臣」，意思好像是指家天下，都是皇帝的子民，封建社會只要有皇帝家族，天下所有人就都是皇帝家的奴隸，皇帝任意生殺予奪、欺男霸女、任人唯親，一朝天下都是皇帝一人的，他可以為所欲為，毫無顧忌，所有人都只圍著皇帝轉。

這只是影視劇中所塑造的皇帝，其中絕大多數都不真實，事實上真正歷史上的皇帝，並沒有那麼大的權利，甚至很多皇帝特別委屈，並不是生殺予奪、為所欲為，最重要的是皇帝本身也受到宗法的束縛，每一位開創朝代的帝王，都得頒布宗法制度，其中對皇帝的要求最多，首先要求的就是皇帝應該做什麼、不能做什麼，非常嚴格。對各個等級、層面的大臣，以及民間三百六十行，都有明確的

要求，亦稱之為理法，是不可逾越的，性質與現代的憲法一樣，皇帝本人也不能違背這些禮儀規範。

不要以為皇帝就肯定有真正的實權，其實沒有實權，中華自古以來真正實行的是皇帝宰相內閣制，有實權的其實是宰相以及六部。所有世間的具體事，必須得宰相直接辦理、委派、執行，而不是皇帝，尤其是漢、唐、宋即是如此。其實皇帝就像現在的英國女王，是國家的象徵，不具體做事，而是要選拔首相，由首相組閣，隨後任期內所有的國務，都是首相帶領內閣成員、各部首長處理，處理不好就會被彈劾，皇帝就得換人，但是以前的宰相也不是皇帝一人決定任命的。

漢唐時期的宰相如何選拔？或是跟隨開國皇帝一起打天下的開國功臣，皇帝很瞭解，或者就是經由鄉舉層層的選拔，舉孝廉、考秀才都是在鄉里，然後向上舉薦，參加科舉考試。鄉里舉薦，首先是人品，道德品質方面，因為鄉里鄉親相互瞭解，看著長大的孩子都知道其品性，所以首先是鄉舉。這種制度其實類似於現在西方的競選，現在

的社區即是當時的鄉，在自己的社區中先競選，大家選的一定是平時看著不錯的人，選拔上去以後能夠代表一方百姓，為百姓正義而言。

因此古時的鄉舉制亦稱為舉孝廉，孝順清廉、品行端正，即孝順父母，鄰里關係處理情商肯定高，人際關係非常好，夫妻關係也很好，是鄉裏的楷模，同時有知識有文化，通讀儒學經典，字也寫得很好，這樣的人才會被鄉裏往上舉薦到市裏，市裏再從孝廉之中選拔優秀的，一部分留在市裏當官，一部分最優秀的舉薦到省裏，省裏再留用一部分，繼續把最優秀的舉薦到中央，參加中央科舉，其品行一定是第一位的，層層都認可的，到了中央才能接受皇帝的親自面試，此時中央也有專門的任免考核機構，把全國各地選拔上來的優秀的德才兼備之人，下放到地方做地方大員，相當於到基層訓練，訓練多年後有了資歷，品行都經受了考驗，工作能力、道德人品都能得到認同，才有可能被選為宰相，才能組閣。

這樣的制度，與現代西方的選舉制有何區別？皇帝、

君主不做具體事，宰相、首相負責具體事務的處理，宰相要經過層層選拔、幾十年考驗，最終贏得大家的認同。當然肯定有勾心鬥角、爾虞我詐，但是古代即使有這些，至少表面也都是孝、廉，包括裙帶關係等事，何時何地也避免不了，但是這套機制跟現代西方一樣，日本的天皇制也是首相組閣。

其實天子做人做事，應該修的即是謂「愛親者，不敢惡於人」，親有多種解釋，在此是指父母雙親中的母親，我們對母親稱之為愛。而「敬親者，不敢慢於人」，在此之親指父母中的父親，我們對父親是敬，對母親是愛。意即是講作為天子應該如何修，天子的身分是天下之家長，即普天之下萬民眾生之家長，就是楷模，就是榜樣。其實要清楚，古代的天子皇帝，同時必須內修德、外行禮。不要疑問天子為何還要行禮，天子對何人行禮？天子對天下人行禮，這是必須要做的。

電影裏看到的皇帝趾高氣揚，生殺予奪無所顧忌，其實不然。天下都在看著他，群臣都在看著他，父母祖宗的

宗法也在看著他，做皇帝實際上是最不容易的，可不是所謂的生殺予奪，想殺誰就殺誰。我們中華的政治體制，元以前一直都是皇帝宰相制，亦稱為宰相內閣制，皇帝都不管具體事務，宰相才有實權組成六部。元以前的皇帝，對宰相、群臣相當尊重，甚至看見宰相都有點害怕，其實不是怕而是尊重，亦即是敬，因為很多宰相都是帝師。

中華從何時開始成為家天下的？何時皇帝開始趾高氣昂，甚至能殺宰相了？就是 1279 年蒙元滅南宋開始，元入主中華在中原稱帝，漢民族第一次被外族徹底征服，所有的漢民淪為奴隸，甚至剩下沒有多少漢民了。金、蒙侵入中原六十年戰火不斷，人口從宋朝鼎盛時的四千多萬，到 1279 年宋滅之後，漢族人口僅剩不足六百萬。中華民族炎黃子孫，保守估計被消滅了三千五百萬，不足六百萬漢人全成了奴隸。元時有四等人，最低等的就是奴隸，而漢人整體全都是奴隸，同時中華民族的精英層全部被消滅。

元是起源於蒙古，本身是原始的野蠻民族，尚未開化沒有什麼文明，沒有什麼秩序，就是原始的草原蒙古民族，

其部落首領相當於王，如成吉思汗，就是家天下，一人說了算，沒有宰相制，更沒有一整套文明體制、政治秩序、社會結構。家天下非常的簡單，蒙古的王就是想殺誰就殺誰，元入主中原後把家天下帶到中原，其中蒙族就是最高等的人種，蒙族人隨意殺漢人，就是奴隸主對待奴隸一樣，而且是從皇帝到大臣，一直州府、郡縣，包括民間都是這樣，因為蒙古族就是如此對待戰俘和奴隸的。

所以，1279 年漢族被蒙族徹底征服以後，把中華一整套宗法治度、文明體系徹底的摧毀了。最慘痛的是，上古一直積累到宋的中華精英層，掌握著各個領域智慧傳承的傳承人，崖山海戰一役全部投海自盡，十七萬人跟隨南宋小皇帝，被蒙元軍隊追趕至廣東崖山，從北方一路南下至廣東，當時多麼的淒慘、悲涼，一路已經顛沛流離死了很多人，但是跟隨小皇帝跑到崖山的十七萬人，也就是當時中華的整個精英層，誓死不降蒙元、誓死不降外族，有骨氣、有勇氣、有志氣，十七萬人不都是軍隊，是諸侯、士大夫，都是當時的貴族、精英，更重要的是掌握著中華文明全部精髓的傳承。以前的百姓不掌握智慧，只允許學習

生存技能，而人文、倫理、天道、宇宙規律、宇宙真相，所有形而上的智慧體系都掌握在精英層手中。

為什麼一定要永遠記住 1279 年？整個中華文明、中華所有的傳承，基本在這一年徹底斷代了，那有智慧、有骨氣、有志氣，且掌握著中華文明精髓的十七萬精英，在崖山全體投海自盡。活下來的不僅是妥協的、甘受屈辱的，而且基本都是只掌握生存技能的平民百姓，真正的文化、真正的科學、真正的傳承全都斷了。現在中國人基本沒有幾人知道 1279 年崖山海戰，才真正是我們中華民族的國恥日、民族恥辱日。然而為了民族團結，蒙族也是五十六個民族之一，現在中國五十六個民族大團結，都是一家人，以前咱們一家人裏你統治我，我又統治了你，都是自己家人、兄弟間的家事，所以不講那麼多不和諧。但是卻不能忘記中華文明是如何斷代的，中華民族是何時翻天覆地的。

現在的中國人怎麼了？我們有這麼偉大的文明，萬年傳承沒有斷過，為何現在中國這麼混亂，最基本的禮都不知道了？禮崩樂壞，越來越嚴重，所以外族不斷入侵，每

次入侵都能成功，其實這都是有根源的。我們必須得清楚這個根源，否則中華何以復興。不能忘記 1279 年，把漢唐時期中華真正頂峰狀態的體制秩序、社會結構全改變了，精英層全被消滅，導致整個文化的大斷層，以後中華文化的精髓已無傳承。所以說「崖山之後無中華」，的確元、明、清傳的哪還是中華文化，現在還有幾人懂得真正的中華文化到底是什麼，在 1279 年後的確整體全變了。

所以我們現在影視劇裏看見的天子，都是 1279 年以後跟蒙元所學的天子形象，皇帝都想做天下第一、獨一無二，但是以前不可能，祖宗代代相傳的制度即宗法制，一直制約著。古代的皇帝尤其講究孝，影視劇中漢唐的皇帝見了父母，即使已經當了皇帝，見到母親都得跪，皇太后一句話比皇帝有用多了，皇帝的舅舅、叔叔等長輩都能管教皇帝。直至元以後，皇帝才真的開始說一不二的，元之後明朝近三百年，也沒有把中華的傳統文明恢復起來，其實根本沒想恢復，反而變本加厲的打壓，後來直接導致了明的衰敗、滅亡，二十萬清兵入關占領了整個中華，又一次把漢族徹底的全面奴役。

清朝近三百年，所謂用漢文化、儒家文化統治，其實根本不是，而是大興文字獄，把僅剩的一點血脈傳承、宗脈文化砍得所剩無幾。清是滿族統治，也是北方少數民族，同樣也不開化，雖然學習漢族文化，但是骨子裏是長城以北高寒之地的風格，跟蒙族差不多，建立的體系與漢唐時期的政治體系、政治秩序根本沒有可比性，僅是傳承方面的嫡長子繼承制，就沒能明白到底為什麼，清朝十二帝的傳承，在歷史上出了多少疑案，兄弟之間為了爭奪帝位，相互仇殺，甚至後幾代皇帝根本生不出孩子，還談何傳承。原因即是清根本不是用漢族儒家文化這套體制，之後怕皇子繼續爭鬥、大臣分幫結派、朝廷上下大亂，老皇帝無奈在死前留下遺詔，寫明傳位於第幾皇子，為此出現了很多疑案，其實這就是一種內耗，而不是以順天下的順。

我們現在所學的《孝經》是春秋戰國時期留下的經典，都是儒家弟子根據孔子的傳承，把周初的政治體制等一套體系記載下來告訴後人，古之聖人是如何建立這套體制秩序、社會結構的。為何後世統一在學習《孝經》，即是因為《孝經》是流傳最廣的經典，這不是簡單的讓大家行孝，

而是直接涉及到社會結構、綱常體系、倫理道德的設立與執行。道統是基礎，其實中華文明真正簡單的表述，就是道統二字，一切皆從道統延伸出來，道統源於天道，而天道又是從易濃縮、歸納出來，相當於從《易經》中歸納總結出來的。所以中華古之聖人最講究的就是循天之道、不違背天道，然而天道之道統的維持、維護、掌控，即是由天子負責承擔。因此，天子的作用就是破壞道統之人必誅，這是自古以來上下形成的共識，最大的十惡不赦之罪即是僭越，也就是破壞綱常禮規、破壞等級。

歷史上，只要是長治久安、有所傳承的朝代，其規定的第一大罪一定是僭越，在其位不謀其政，一個市長天天想越級匯報省長的問題，總琢磨省長這不對、那不行，或者市長吃飯、坐車、住宅的規格，甚至妻妾數量都超越了省長的標準，一旦被發現，就是誅九族之大罪，即是最重的罪。制定的一整套禮規，就是維護倫理道德的標準，也就是為了維護綱常，進而維護道統，這才是最重要的。一個朝代要想長治久安、繁衍生息、興旺發達、有效傳承，必須遵守、維護這套道統、綱常、倫理、禮規體系。而所

謂法治，即是用禮規教化眾生、教化百姓不許僭越，大家要自覺，其中不自覺而明知故犯者，就得用法治嚴懲，此即法治的作用，是禮規相輔相成的輔助及助力。

第三節

人際關係本源父母家庭延伸
真龍天子自身修德萬民效仿

古之聖王,即真正的真龍天子,是以禮樂治國。禮即各種規章制度,定立以後民眾要遵守,遵守的就要表揚,舉孝廉而步步提升,給予各種獎勵,從而光宗耀祖;如若僭越犯禮,才有法治進行懲罰,所以法治只是輔助。樂即溝通之道,前面的書中講了很多,在此不再重複了。

有禮在約束,但這種約束是自覺自律的,比如孩子,如果從小就在禮儀規範上,很重視對他的教化,引導孩子長大以後不會犯規、不會違法。而我們現在的家庭,都不知道應該如何教孩子,三歲的孩子剛會說話就開始學英語、背唐詩,甚至背誦古文,其實這時不應該教這些。三歲到七歲之間,不要教孩子所謂的知識,如果此時教孩子進行大量的背誦、識字、數學、英語等知識,就是害了孩子。

有人說:「老師,您看現在的學校競爭這麼激烈,別

人有的孩子上小學之前就把小學二年級的知識都學會了，我的孩子一上學什麼也不會，那能行嗎？跟不上別人，不會自卑嗎？」

千萬不要這麼想，因為你根本不瞭解孩子的生理結構、腦神經結構，及其發展狀態。為什麼我們的古人不贊成，也不允許教七歲前的孩子這些知識，而是在孩子三歲以後開始教禮儀規範，首先是家庭的禮儀規範，坐有坐相、站有站相、見人要有禮貌，很多細緻的禮儀規範，讓孩子學會恭敬，對長輩尊重，與同輩相處和睦，也能與弟弟妹妹很好的相處，此即謂家教。同時，孩子在三歲到七歲之間，要儘量多與其他孩子一起玩，儘量與大自然多接觸，在這個過程中再不斷的教授基本的禮儀規範，這才是最重要的。孩子長大以後的情商、人際關係處理能力、自律與堅韌、專心專注力都是從此而來的。

有的孩子上學前已經學會二年級的知識，剛上學時能夠拔尖，都學過了，前面兩年都不用聽課，作業全都會做，考試成績很好；而自己的孩子沒學過，前兩年追趕的時候

覺得挺困難，特別認真的聽課，考試都不一定比別人的孩子成績好，因為沒有提前學過。但是其實只是前兩年，到第三年差距就會拉平，到四年級時學過的孩子比沒學過的孩子，反而出現了落後的差距，越往後期提前學過很多的孩子學得越吃力，各種問題都會呈現。

　　一定要知道，七歲之前的孩子，進行大量的機械記憶、抽象數學等知識教學，孩子未來的智商、情商發展都會受到很大的影響，會被嚴重損壞。現代人不懂基礎的教養學，實際上也涉及腦神經科學，古人一整套培養精英的教化之道，非常符合現代科學的規律，無論從現代心理學、腦神經科學、胚胎學，甚至量子物理學等方方面面，都一一被驗證。中華古代的精英教育方法，將每個階段應該教授孩子什麼，形成了完整的方案，實在是太偉大了，現代西方科技只是在驗證，都沒有像我們漢唐時一樣，形成一整套偉大而完整的精英教育方案，中華祖先則一直沿用了幾千年。

　　所以中華在漢唐時期，少年英才二十歲左右就建功

立業，文治武功俱全，甚至率領千軍萬馬，現在的孩子即使大學畢業，甚至博士畢業後，生活都不能自理，步入社會建功立業更是免談，情商極低，人際關係都不會相處，都是在苦難、挫折中被人反覆折磨、傷害後，一點一點的反省，才開始提升情商，學會與人相處，而此時已經年過四十。智商高、情商低，是所謂現代西方教育給我們帶來的惡果。然而，我們現在只知道西方教育，根本不知道中華還有一套教育之道，所以真正要學習我們祖先的這一整套大智慧，可並不簡單，涉及方方面面，從出生前的懷孕時期開始，一直包含著生老病死的全部過程。

《孝經》第二章講述天子真正要做的職能、狀態，以及權利，其實在 1279 年元滅古典中華之前與之後，都是不一樣的。元之後，中華的這一整套先進的政治體制就已經被打破了，後面再也沒有實行起來。其實，一直以來我們所想要砸爛的舊社會，要打破的封建制家天下，是蒙元之後的皇帝家天下。要清楚元之前中華不是家天下，那時的天子有孝禮，即綱常倫理道德所形成的宗法在制約。

那時的天子可不容易，必是天下之表率，自己要從自己的父母首先做起，要愛親即愛自己的父母，或特指對母親的愛，是一種親密、親近之愛，俗話說「子不嫌母醜，狗不嫌家貧」，作為孩子，無論如何也不能厭惡自己的媽媽，不能無故遠離母親，謂之愛。要真正親近自己的母親，其實我們與母親是先天的親近，因為我們源自於母親。對父親則不是所謂的愛，而是敬，這是兩個概念，敬是有距離感的，所以我們與父親是有距離感的。但是我們與媽媽沒有距離感，我們都是來自於媽媽的身體，剛到世間時，我們對這個世界完全陌生，感覺特別可怕、特別痛苦，只有媽媽的懷抱、媽媽的撫慰、媽媽的聲音能讓我們得到安慰，那時給予我們安全感的只有媽媽，所以孩子和媽媽之間是一種天然的親近、一種愛。

　　天子作為萬民之表率，首先對自己的媽媽必須得有愛。然而，為什麼天子之孝後面的諸侯之孝、卿大夫之孝、士之孝，包括庶民之孝，都沒有要求對媽媽必須得有愛？既然是人之本性為何不要求呢？其實是側重點不同，天子就得從對媽媽的愛開始，然後推己及人，推向天下眾生。其

中之理我們要知道，為什麼家庭的人際關係是否和諧那麼重要？因為我們所有的社會關係，一定緣起於家庭關係，家庭中的哪種關係處理不好，社會關係中一定有相應的一類也處理不好，這是一定的。

家庭主要的三大關係，加上兄弟姐妹第四大關係，能否處理好，都是推己及人延伸出去的。所有的社會關係，一定都會濃縮至家庭關係，與父母的關係直接延伸到步入社會後與長輩、領導、老闆這一類關係，如果與父母關係不好，或討厭或衝突，或習慣性抗上，到了社會上與老闆的關係、與老師的關係，與所有長輩、領導的關係，骨子裏絕對是一樣的，因為所有這一類關係，一定是與父母的關係延伸，這方面無論西方心理學，還是中華的古老智慧，都是有明確驗證的。

與子女的關係，延伸出去即是與下屬、學生、晚輩之間的關係；與兄弟姐妹的關係，即是在社會上與平輩人的相處關係，一定都是一樣的。而所有的家庭關係最後一定都會濃縮至與父母的關係，也就是說我們一切的人際關係

本源，都是我們與父母之間關係的無限延伸，首先延伸出了家庭關係，再延伸到家族關係，繼續延伸至企業，延伸至整個社會。之所以著重講天子與父母的關係，理就在於此，因為天子是天下之表率、萬民之統領，與萬民之間的關係，與天下眾生之間的關係，都非常重要。如果天子與其母親的關係處理不好，沒有愛、很冷漠，甚至怨恨，那他對待外面的子民百姓時，在萬民之中一定有一類或者幾類人，他就會有恨、有怨，會憎惡、討厭，大家記住這是肯定的。

　　天子與子民或大臣之間沒有親密感，即是對母親的愛、親近、親密出現了問題。任何一個人如果與母親之間沒有親近或親密感，那他與所有人就都沒有親密感。作為一位天子，與萬民沒有親近感，就是隔絕、隔離萬民，天子應該是集萬民之母和萬民之父於一身，所謂萬民之母，即大家想到天子都會覺得很親切、很親近，萬民都會崇拜、擁護。如果冷漠、與人隔絕，萬民怎能不知？群臣怎能不知？都會感受到的。真正的天子治理國家，不僅僅依靠自己的強大能力，因為有一套體制，有諸多最優秀的官吏，都在

為他處理政務，所以不需要他自己做什麼，但是天子要讓大家有親近感，其實親近的不只是天子一人，而是一個代表，是整個皇族、整個統治階層，即精英階層的代表，也是整個民族的代表。

敬是對待父親，父親都有威嚴，但是首先要清楚威嚴並不是暴力，作為父親一定不能對孩子、對老婆暴力，這種暴力是會代代傳遞下去的，西方心理學稱之為習得性，孩子小時候經常看到爸爸打自己、打媽媽、打兄弟姐妹，即使對這種行為很痛恨，認為自己長大後一定不能像爸爸這樣暴力，但事實常是暴力爸爸的兒子也都暴力，而且明知道不對，但是控制不了自己。

我們在平時做的個案中，見到了太多這樣的案例，平時溫文爾雅，一旦憤怒發火的時候就會失控，帶他看到深層原因，就是小時候爸爸暴力打家人孩子，於是這樣代代傳下來。所以女孩找男朋友嫁人時得注意，首先不是看這個男朋友是否溫文爾雅，而是得看他的爸爸，如果很粗魯、很暴力，基本上有很大的機率兒子在關鍵時刻就會失控，

得注意但並非不可逆，透過心理調整是可以調整的。把小時候內心積壓的憤怒、恐懼、不安全感，都釋放出來，一旦釋放出來以後就不會暴力了，如果不釋放，因為是從小就積壓在體內，長大後根本無法控制，壓抑的怨恨、恐懼、憤怒太強大了，不是個人的理智能控制得住，所以孩子永遠都是受害者。

爸爸的威嚴表現，即是謂父親如山，正如我們看到大山時有一種敬畏，但同時大山也給予我們極大的安全感，即所謂靠山。母親如水是河，我們想到河裏游泳，進去後感覺特別溫暖，好像擁抱著我們。河水一樣的母愛，是一種讓我們親近的愛；對大山則是一種敬、一種畏，同時是一種靠山的感覺。所以孩子對父親要敬畏，而且越是敬畏心中越是安穩，爸爸力量強大，能保護自己，有如此感受的孩子長大以後，很容易建功立業，很容易有成就，因為做什麼事都不怕，多大的事都敢上，他的內心中有父親在背後支撐、做靠山。反之，凡是背後父親的形象很卑微的孩子，基本上長大以後都有恐懼感、沒有安全感、沒有歸屬感，而且很嚴重，於是再聰明也很難擔得起大任，這就

是我們比較深層的內心了。

　　天子，是百姓萬民、天下眾生的父親，自身就應該是座大山，而且只有成為大山才能讓天下萬民敬畏，才能成為天下萬民的靠山，然而天子心中得先有一座山，都得有位大山一樣的父親，一座高聳入雲、牢不可破的、強大的靠山，如此心中就有了依靠，進而向父親學習，心中有座大山，本人是安定的、有安全感、有歸屬感的，也是有自信、有力量的，這樣的天子就能成為萬民的靠山。這就是一位心理正常的天子所修的「敬親者，不敢慢於人」，不敢即是不會，也是不可以輕慢於他的子民、他的大臣，天子心中對自己的父親有敬畏之心，延伸出去「老吾老以及人之老，幼吾幼以及人之幼」，對子民其實同樣也是可以的。

　　對母親有愛、有親近，投射出去對子民就不會厭惡，不會討厭某幾類人，這是自然而然的，並不需要練，對媽媽好就一定會對子民像對媽媽一樣親近，對爸爸敬畏則對子民也都不敢輕慢，都一樣敬畏，不需要也不是有意識的，有意識的都是在壓抑，那是不可以的，應該是自然而然的過程，從小就在這方面培養，這才是天子真正要修、要練、要注意的。此即謂天子之孝，是標準，即天子應該做的，

首先是萬民之母和萬民之父，而天子本身基本上都是以父之威嚴形象呈現，使人敬畏。天子之妻即天后，代表母儀天下，就代表母親，是天下之母，亦稱為國母，很容易讓人親近，特別包容、隨和、慈愛。天子內心之中，既有代表父親的含義，又有母親的含義，然後把母親的人格投射在天后身上，母儀天下，自己則是以天下之父的威嚴形象為主人格，天子修的就是這些，講究一定要孝。

漢朝開始所有的皇帝，諡號前一定得有個孝字，特別重視孝，就是這個理，「愛敬盡於事親，而德教加於百姓」，天子真正自己做到了孝，百姓自然而然就效仿，而天子喜歡做的事，就一定會獎勵、鼓勵做得好的、優秀的子民，於是大家就都知道天子最重視孝。孝即等級，孝即禮規，不可逾越，再生氣也不能罵母親，也不能替代父親，這就是等級，不是何人規定的，而是自然的血親，是人性。凡事得請父母先，不能逾越，不能輕慢，更不能厭憎父母，天子最重要的是為百姓立榜樣，自身修德。

修德不是做好事，天天做慈善，不是名義上的行為，對媽媽真的愛嗎？對爸爸真的敬嗎？其實能夠體現出來，不是意識上對媽媽愛，意識上對爸爸敬，我們所講的不在於此，而是內心深處對父母的真實狀態。事實上，一旦進

入自己的內心深處，觀照自己與父母的真實狀態，自己真會嚇一跳，完全想不到自己內心深處與父母的關係居然是這樣。真正帶大家進入自己甚深的內心深處，看到自己和父母真實的關係時，立刻就能知道現實中自己的夫妻關係為何這樣，與同事、與領導的關係為何是那樣，立刻一目瞭然，這是有明確方法的。但不是自己所想的跟媽媽關係好，經常陪媽逛街，親密的擁抱，那只是意識上認為的，實際上媽媽在自己潛意識的深處，即內心深處就是個巫婆或者厲鬼，自己內心非常怕她，而自己意識上卻根本不知道。

此即所謂修行一定要深入內心，觀照內心，反觀自照，而反觀是有方法的，這就是真正修行的法門，有各種方法帶領我們進入自己的內心，看我們內心最真實的狀態。一切皆由心造，我們的人際關係其實都是由心所造，所以德教加於百姓，並不是強加於百姓，命令百姓愛母親、敬父親，不是這樣，而是作為天子，自己做到了，百姓自然而然就做到了，就效仿天子。此即謂「形於四海」，形的意思就是標準、榜樣，立榜樣於四海即天下。「蓋天子之孝也」，所以天子其實應該從孝開始做，而且得是真的孝，然後百姓就會效仿學習。

要清楚，此處講的可不是天子仁君要仁義禮智信，天子要學好這些，隨後百姓也跟著學習仁義禮智信，實則不然，仁義禮智信不是這樣講求的，人沒有孝，哪有所謂的仁義禮智信。孝乃德之本，是所有教化之由生，因此天子之孝，即謂天子立綱常，無孝則無綱常，由孝而法三綱五常。三綱，即父為子綱、君為臣綱、夫為妻綱，五常即仁義禮智信。三綱和五常都是從孝而來，天子只要守住孝，一切自然就會按照秩序運行，天子守天子之綱常，建立在道統的基礎上，天子以孝而立綱常，即所謂愛親、敬親，延伸出去則是對百姓的倫理道德標準，繼續延伸是禮規，大家去遵守，這就有形了，然後才是法治，即不守禮規就用法治制裁，如此才能做到萬民統一。

萬民皆從此起修，由此開始把孝做好，人際關係就都順了，在家夫妻關係順，與孩子的關係也順，與父母的關係也順，跟兄弟姐妹關係都順；在外與領導的關係順，與老闆的關係順，跟合作夥伴的關係順，一切就都順了，做到這一點就能做到民用和睦。所以最後【《甫刑》云：「一人有慶，兆民賴之。」】，就是這個意思，天子一人守住最根本的綱常，所有萬民都依靠、依賴著他，都嚮往著他，都在看著、學習著他，這就是《天子章》，天子之孝。

《孝經》中每一孝的講授都是抓住重點，講得不多，但一定都是根。我們只是很粗淺的、概括性的講解一下，其實僅僅天子這一章，如果要細講，其中也真的是包羅萬象。然而篇幅有限，不可能講得太多、太深入，點到而已。

第十四章

內聖外王自賢儒學三才

人治天道融合以古鑒今

第一節

復禮守規矩利萬民長治久安
帝王術以禮樂教化世界大同

《孝經》第三章「諸侯」，即天子、諸侯、卿大夫、士，以及庶人，五等孝之一。首先簡要介紹一下諸侯，中華古制的政治秩序是由政治等級進行劃分的，前面詳細講過大類的等級基本劃分為兩大階級，一為統治階級，一為被統治階級，先秦之前統治階級亦稱貴族，被統治階級稱為庶人或者平民。現在我們儘量不用精英階級與奴隸階級這類詞彙，因為我們的古人雖然分為統治階級和被統治階級，但其實並不是我們認為所謂的奴隸層，就是完全被欺壓、沒有人權、沒有人性的狀態程度。

中華古代雖然社會結構的分工不同、等級不同，但是除了幾個蠻族或者不按禮法運行的朝代之外，基本都是民忠君、君愛民的狀態，絕大多數時間都是如此。所以我們不要一味的感覺古代、古制，就是皇帝制的專制，就是萬

惡的舊社會。事實上，古代沒有那麼萬惡，而且中華在鴉片戰爭之前，除了戰亂年代、外族入侵時代之外，古人是很幸福的。

等級制其實在上古時期就有，社會等級、政治體制，以及社會結構、政治分工，一直以來都是如此。在周初的時候徹底明確下來，有了文字、文獻的記載，其實夏商時也都是按照這種等級運行，周初時一切的禮法、一切的政治體制、社會結構，形成了非常完善的體系，穩定固定了下來。所以孔子聖人一直強調的就是要循周初之禮，他所在的年代是春秋後期戰國初期，正是周制定的一整套社會結構分工、政治等級土崩瓦解的時期，孔子稱那個階段為禮崩樂壞，一直寄望把周初時的禮制都重新建立起來。禮即規矩，大家重新守規矩，按照禮儀規範、等級制度行事，這是有利於萬民，有利於國家長治久安，有利於整個社會向良性方向繁衍生息的。

但是春秋戰國後面的歷史，沒有按照孔子希望的理想狀態發展，所以孔子在有生之年周遊列國，就是去傳播，

甚至灌輸這套思想，希望中原各國，也就是周天子冊封的諸侯們，能夠重新遵守周初時，他們的祖先和周天子共同約定的禮法，使國家又能恢復到正常的秩序中。結果大家都不聽，所以孔子一生看透了世事，看透了這套上古的禮樂，後面會詳細講禮樂分為幾個層次，而且已經看到了社會若想長治久安的發展，必須遵循上古的社會政治制度、分工、結構，復禮即是必須以倫理道德、禮規體制，作為國家政府教化民眾最重要的事。亦即是根據道統建立綱常，設立倫理道德標準，再制定禮法、等級規定，不斷教化百姓，引導百姓遵守禮規，這就是政府應該做的最重要的工作，即所謂以禮樂教化，而不是以暴力即單純的法治進行治理。

僅僅依照法律條文懲罰，即是所謂的暴政，其實法治在聖王管理或者帝王術中，永遠都是次要的，永遠都是輔助的，應該是輔助禮樂的。意即是禮儀規範的教化之外，如果百姓眾生有人不遵守這套禮規，經常僭越，那就要用法治懲治。任何一個朝代的有效運行，一定都得以禮樂教化為主，不能以法治、法規、法律為第一要務。後來的法

家其實是很籠統、很模糊的概念，歷史上一些法家人物，如申不害、商鞅、管仲、李斯、韓非子、王安石等，其所謂的法家並沒有系統的一整套體系。法家也分層次，也離不開儒家，真正更高層次的法家，即是一直在提及的中華帝王術，才是真正法家的集大成者。而隨著繼續深入的講解，就會清楚的發現，所謂成體系的、最高境界的帝王術，其實是儒家、儒學的一部分。

我們講述過，比如歷史上的秦始皇，是典型的法家踐行者，建立了豐功偉業，滅六國統一中華，而秦始皇作為法家的代表人物，所運用的並不是帝王術，可以稱之為霸王術，即使勉稱其為帝王術也不是最高的帝王術，強調的僅是以法治控制民眾，而不強調教化，更不是從禮規、教化入手的。所謂霸王即是始皇帝掌控一切資源，一人說了算，服從即獎賞，不服從即用各種酷刑如刖刑、劓刑、墨刑、荆刑、宮刑等進行懲罰，這是低級的帝王術。

真正高級的帝王術是以禮樂教化眾生，以法治輔助，這才是真正的帝王，不僅能夠開創千秋功業，同時能使百

姓受益、安居樂業、繁衍生息。這樣的帝王開創的朝代能夠延續幾百年，子孫能夠傳承幾十代。而真正整套帝王術體系其實全在儒學中，即所謂君子三途，就是學儒學的三個目標，第一個目標謂之聖，即內修聖，第二個目標即外成王。帝王術其實就是外王之術，其實外王之上還有內聖。內修聖、外修王，君子三途中還有一條路是自賢之路，所以學習儒學就要從這三個目標內聖、外王、自賢之中選擇一個。

所謂自賢，就是指修行自身的德行、自身的禮規，沒有社會功能，不考慮社會。自賢、內聖與外王，儒學的三個方向，既相輔相成、環環相扣，又有其獨立的系統。如外王有一整套外王的系統，即帝王術，內聖和自賢都有一整套系統，而儒學的三個系統，都有完整的傳承法脈、傳承的體系。所以儒學一直以來是中華文明的主流，無可替代的代表著中華文明，我們學儒、學習任何一部儒學經典的時候，都得清楚在學習哪一套體系，比如現在所學的《孝經》，是內聖、外王、自賢這三套體系中的哪一套，清楚以後就是有目標的學習。不能亂學，目標都不清楚，從何

處起學、起修全都是蒙的，學也學不通，學不懂，只知學而不知為何學，這是不可以的。

　　再次點明，《孝經》是儒學三套體系中的外王體系，即帝王術。所謂外王是指在客觀物質世界，亦即是現實世界成王，儒學體系就是為此而來的，是為王做準備的，即是為了稱王、稱帝，要學習這套體系，首先得有目標，亦即所謂做任何事要先有願，要做什麼要達成什麼目的，要先清楚。如果只想自修身，自己把自己修得功德圓滿，那就不能修這套《孝經》的儒學體系，只想修得自我功德圓滿，就得修自賢體系。如果想在世間建立功勳，使萬民受益，成為世間之王或某個領域的王，就得學習這套外王體系，從《孝經》學起，即是儒學的帝王術。

　　然而，所謂稱王稱帝，並不只是成為現實中的國家君王，那只是狹隘的王，我們現在講述王的概念、帝的概念，都是寬泛的概念。一個人成立一家公司，管理一個企業，當下即是王，法律規定這個企業是你的，你在企業中就有帝王之權，只是還是個小王，如果企業做大了，成為像華

為、騰訊這樣的大企業，打造成了商業帝國，你在這個商業帝國之中就是帝王。其實即使你經營一家超市、飯店，手下僅有十名、二十名員工，你也是王。這就是現實中廣義的王、寬泛概念的王，一國之主、國家領袖，那是大王，企業主則是小王，在某個領域獨立經營管理的就是王。

真正的外王之術、外王之學就是帝王學，儒學有這三套體系，就可以把儒學整體概括了。現在所學的《孝經》體系，就是帝王學的基礎，帝王學就是社會學、政治學、人文學，可能很多人認為《孝經》根本沒有什麼可學的，甚至是反感，認為儒學是腐朽的經典，不如刷抖音、看綜藝有意思，都是老學究的之乎者也，《孝經》講孝就是對父母如何好，早就會了。其實我們早已忘了這些典籍，忘了祖先的智慧，沒有人學得明白了，在此我對這些經典的講解，大家真正靜下心來讀一讀，就能夠明白所謂講經典，其實講的全都是現代政治學、社會學、人文科學，根本沒有離開現代生活和工作，學習幾千年前的經典，正是為解現代之禍，破現代之苦。無論開飯店、辦工廠、設公司，學明白本書講解的《孝經》，一定都會受益。

因為《孝經》所教的就是中華帝王學的基礎，想在現實中功成名就，有理想將小公司變成大公司，然後成為商業帝國，首先就得學習何謂政治學、何謂社會學，至少得知道何謂真正的管理、何謂成功之道。這些都是最基本的概念，而這些全是儒學傳遞給我們的智慧，儒學開宗明義即是經邦濟世之學，而《孝經》就是儒學外王體系的學問。

孔子的儒學外王體系，其實是有傳承的。孔子將帝王學傳給了商瞿子木，商瞿子木又傳給了楚人子弓，亦稱馯臂子弘，之後子弓隔代傳給了荀子，在荀子處集大成。荀子是戰國後期人，其直系弟子為李斯、韓非子，這兩個人直接左右了戰國後期秦的大一統。再往後荀子的弟子李斯、韓非子，將這套帝王學傳至西漢，由董仲舒繼承，並輔佐漢武帝建立了一整套帝王學體系。於是，直至西漢漢武帝時，孔子的帝王學才真正應用於整個社會，意即是統治階級第一次正式的、全面的將儒學，即孔子周遊列國希望說服各地諸侯王恢復實行的周之禮樂，在漢武帝時，才開始真正的落地實踐，從而直接導致了中華民族的大崛起、大繁榮，形成大漢到大唐的延續，憑藉這套制度又形成了一

代盛唐。

然而，帝王學體系自漢以後到宋時開始轉型，尤其是到了南宋末期，儒學帝王學體系就轉型成為自賢的體系。其實，宋開始實行儒學帝王學時，就已經變了樣，不是實行漢唐那套儒學帝王學體系，而是開始實行儒學的自賢體系，即自我修為，而且是從皇帝到下面的臣民都開始這樣，到元、明、清時實行的就已經完全不是儒學帝王學體系，而是完全的自賢體系了。

這套自賢體系的傳承是，孔子傳給曾子，曾子傳給孔子之孫子思，子思又傳給孟子，所謂孔孟之道就是指這套自賢體系，孟子往下這套體系暫時斷了。因為自秦開始，尤其是漢的時候，盛行起來的是荀子的儒學體系即帝王學。後來到南宋末期的程朱理學，繼承了曾子所傳即孟子這套自賢體系，直接承繼過來發揚光大，形成了儒學的理學體系，即常講的三綱五常，亦即是現在都在說的仁義禮智信這五常，人人都向內修德、向外修禮。變成儒學自賢的一套體系，就已經不具備政治功能和社會功能，與帝王已經

沒有太大關係了，修的只是自賢，即是修自身、修自我，使自我更加光明、更加圓滿，其社會功能、政治功能已經逐漸淡化，直至徹底沒有了。

曾子本就不強調政治功能和社會功能，曾子、子思、孟子強調的全都是自修善、自修為，不講究等級，孟子尤其強調善是人的本性，人人皆平等，已經沒有政治性了。荀子最指責排斥的就是孟子這一點，認為諸如曾子、子思、孟子一類所謂孔子的弟子，曲解了孔子的本意，孔子要循周初之禮，建設等級秩序和社會結構，是為了承繼我們的先聖智慧，而所有的先聖全都是王，我們真正繼承的是先聖的事業，即復興中華文明。中華的文明一定不是個人修行的文明，起創就是從伏羲、黃帝、堯、舜、禹，即常言之三皇五帝等先聖、先王起始、起創的，這一整套經典智慧都是聖王們制定的，而內聖外王是他們的共性。

中華文明、中華智慧有一個基本點就是修的並不是個人，而是個人修好以後，要推己及人，要推廣至社會，帶領天下眾生、天下百姓，建立一個和諧的大同世界、大同

社會。這才是孔子傳播和教化三千門徒的真正方向所在，孔子自己明確指出，儒學是經邦濟世的學問，但是他的徒弟根性不同，有些徒弟格局大、心量大、眼界高：所以能夠明白儒學的精髓；有的徒弟出身貧寒，格局就小、心胸就窄、眼界也小，想不了那麼高遠之事。比如曾子的出身就是嚴家莊的平民百姓，從小接觸的環境就是鄉村農事，根本接觸不到國家大事，所以根本不具備高遠的眼界和心胸，後面雖跟隨孔子，但孔子也不可能立刻將其帶入很高的格局和境界中。因為有其自身的局限性，所以領悟孔子的智慧體系，只能從自身的修行、修為角度和高度進行，不可能將眼界放大到國家、民族，從小的家庭教育就沒有受到這種潛移默化的影響，所以傳承的僅是孔子的自賢體系，或稱為小人儒。

前面講過，儒分兩大類，一為君子儒，一為小人儒，君子儒即貴族所修之儒學，小人儒即平民儒，就是修個人的儒學，與國家沒有關係。貴族儒真正修的高度就是國家和民族，在世間如何建功立業，如何在世間超越至更高的層面，真正所謂內聖，是在精神領域中也是王，其實就是

精神領域的一套帝王學。而精神領域的帝王學，才是儒學真正的精髓，因為儒就是從此而來，演化成為世間現實中、人間的帝王學。精神領域的帝王謂之聖，聖即是天，人間的帝王即是地，自賢者即是人，儒學的三大體系其實就是天地人三才。

學習《孝經》就要清楚儒學為何總是在講等級、體制、社會結構、國家民族如何長治久安，甚至感覺好像跟孝沒有什麼關係，但這才是真正的《孝經》。市面上對《孝經》的解讀、注釋，都是從字面上註解，甚至將《孝經》通篇背誦下來，但真正能夠學到什麼呢？不透過深入的講解，怎能知道《孝經》的來龍去脈？因此首先要清楚這一點，本書對《孝經》的解讀是有針對性的，所以得知道自己為什麼讀本書，要得到什麼，真正想要的是什麼。

我的講解一定離不開這三大體系，內聖、外王、自賢就是我授課的基本體系，內聖就是密學、玄學的一部分，傳授在精神領域，如何看待整個世界，宇宙是何結構，人間現實世界在宇宙中是何位置，現實世界的一切現象由何

而來、如何存在、是否真實，以及人事物之間的相互關係，其真相到底是什麼、本質是什麼，現實世界之上究竟還有沒有世界、是什麼世界，這些都是玄學部分，這部分是不可以廣而告之的，即內聖的部分。

外王就是這一整套中華帝王學，即顯學部分。中華民族統治的緣起、發展脈絡，包括具體如何實現治理，謂之中華帝王學，即所謂外王體系，就是我們現在正在講的體系。顯學這套體系是可以廣泛傳播的，可以對大眾傳播，而玄學部分不可以，屬於密修部分。還有一套體系為自賢，即自己修自己、自修德的體系，我解讀《六祖壇經》的書籍部分，亦即佛法，就都屬於自賢的一部分。而現在說到中華文明的傳統文化，基本上都是指自賢體系，自宋以後，元、明、清直至現在，都在講究個人修行，內修德、修內賢、修五常，而外修禮。

因此，儒學在宋時就已經開始大轉向了，漢唐儒學踐行的帝王學，到了宋以後就成為所謂的理學，然後明又由王陽明發展成了心學，理學和心學其實是一回事，都是自

賢體系，都在修個人，屬於同一儒學範疇。宋以後近千年，理學和心學，即理教儒學和心性儒學，成為中華的主流，人人都修好人、修自身，卻把社會性失去了，全民族的力量無法凝聚，社會結構、政治秩序、等級體制都受到巨大的挑戰，已經失去了孔子傳授儒學的真正精髓，僅剩下了儒學小人儒的部分。

信仰文化是根儒學體系完整
精英引領教化眾生恢復禮規

前述研究觀點可能很多人並不認同，但這都是我幾十年來深入研究傳統文化，從師門傳承中得到了看待社會、人生的方法和手段，進而在實踐中不斷踐行，從而得出的結論。大家可以按照這個方向和道路開展研究，看一看究竟是不是這麼回事。我們為何恢復不了漢唐的榮光？為什麼沒有漢唐的力量？整個中華民族的凝聚力哪裏去了？為何只要外族入侵，我們就節節敗退，甚至毫無反抗？現在的中華雖然依舊人數眾多，因為中華民族炎黃子孫一直比西方的人口多，但近二百年來受盡欺凌。為何稱我們為東亞病夫？就是因為民族沒有凝聚力、沒有力量，八國聯軍不足兩萬人，就與我們簽訂了最不平等的條約，整個國家毫無戰力，只能舉手投降，人多何用！大漢時，霍去病八百鐵騎追逐匈奴幾十萬大軍，深入大漠直取單于首級，

犯我中華者雖遠必誅，那是何種豪情何樣的力量，現在為何沒了？

　　文化是根，我是從文化的角度，講述我們民族的興盛與衰落。信仰是文化之根，文化是所有社會現象之根，而社會學、政治學、哲學，則是在文化大背景下的政治體制、社會結構、現實經濟、軍事、教育、農業、科技等各方面，文化研究清楚了，分清利弊找到主脈絡，真正撥亂反正了，則心即正。文化以正人，人心一正，方向就明確，大家立刻就能擰成一股繩，民族凝聚力馬上就回來了，就有了新的力量、凝聚力，創造、創新的能力就會體現出來，中華民族炎黃子孫的大智慧就會呈現，就不需要一味向西方學習了。進而，全民山寨就沒必要了，我們就能夠引領科技、引領世界的發展了。所以，信仰是基礎，文化是根。

　　五四運動、新文化運動、新民主主義運動，推翻了理學、理教，其實是有道理的。從全民角度出發，理學理教確實應該推翻，已經實行了近千年有諸多的問題，宋以後中華民族性之所以如此之弱，都是因為儒學的大轉化、大

轉折。所以講孔子和儒學其實挺冤枉的，因為儒學發展成如此模樣，也不是孔子所願，孔子親傳的是天地人三大系統，漢唐時推行的儒學，為何如此之成功？即是因為內聖外王而又自賢，三才具備，少年英才興盛輩出、文治武功天下第一。為何宋以後也在推行儒學，就是完全不同的狀態呢？都是儒學，為何後來就被動挨打，處處受制於人，甚至被稱為東亞病夫呢？所以要講明白，之所以用這麼大篇幅講授，因為這就是根。

把儒學真正講明白，方知中華復興什麼。天天高喊復興儒學，而現在中國的被動挨打，沒有民族性、沒有凝聚力，就是理教儒學、心性儒學把我們的力量限制了，人人都去追求個人自我的內心成長及發展，社會性、政治性、民族性全都不管，如此一來每一個人好像修得挺有德行，看似都是好人、善人，而外族侵略時力量全無，內心極大的矛盾、極大的衝突。所以，自賢這套儒學不是不可以推廣，我們也講究禮，也要修心性，但是不能全民都這樣修。必須得有一部分人修社會學、政治學，還要修帝王學，精英層要修外王學，最頂級的精英層要修內聖學，這就是君

子儒。

其實，本來三大體系中庶人平民需要修自賢學，而宋以後的問題在於，全民上下，無論統治階級、被統治階級，還是貴族、平民階層，全都修自賢，都在講究仁義禮智信、勤儉持家、內修德外行禮，但那應該是平民百姓所學的。精英層本來是要帶領國家民族、帶領整個社會向前發展的，結果只修自賢，只修內修德外行禮，不修精英的專業即社會學、政治學，不學真正中華的帝王學，天天高層精英都在信佛、信道，怎麼能行。信佛信道本身沒有錯，但是什麼人信佛，如何信佛，一定得清楚，這些都不清楚，從上到下都是亂的，就形成了宋以後中華的問題。

我們現在講《孝經》，就是要把這些為大家講清楚，把真正的帝王學、君子儒，儒學最重要的一部分內聖及外王，統治階級、社會精英層必須掌握的專業知識、專業學問，重新廣傳於世。精英層最大的責任是社會責任，然後才是修自我，社會責任盡到以後，所謂退休以後，已經離開了正位，再去修小人儒，修自己的心性，如何自修圓滿，

在位之時就得好好修帝王之儒，這才真正對國家、對民族、對眾生百姓負責任，才真正是在其位謀其政。

　　一家企業的老闆，不是政府的高官，現在覺得儒學三大系統應該修什麼？在此明確告訴大家，在其位謀其政，企業家也不能修小人儒，不是不讓企業家學佛，佛法本身講究的就是自我的修行，然而自我的修行與社會性、與企業家現在所處的現實、所站的位置、應盡的責任是不一樣的，不是說學佛法不好，我也講解佛法《六祖壇經》，然而如何結合現實呢？佛法真好，但作為企業家在企業中如何應用呢？如何讓企業興盛發達、延續傳承，在激烈的競爭中生存發展呢？佛講究放下貪欲，不思善、不思惡，隨緣不攀緣，這都是佛法最基本的觀念，但是要建設企業，爭取計畫，就要與人爾虞我詐、不擇手段的競爭，否則企業無法發展，一退一讓企業就可能面臨破產，現實就是這麼殘酷，就是叢林法則。

　　叢林法則和佛法有沒有矛盾？其實真正信佛的企業家都有那種感覺，天天修佛，結果在做企業時，手足無措，

不知道該怎麼做了。如果是國家領袖天天吃齋念佛，那更麻煩了，企業都做不好，引領一個國家要按照佛法方向引領，國家會成何模樣？梁武帝不就是個真實的例子嗎？其實我在此所講的，就是要清楚自己在社會中的位置，清楚自己當下最重要的職責、使命，現在如果沒有企業，不是企業主，那麼修佛、修小人儒都沒有問題，內修德、外修禮沒有問題，修自己的心靈成長沒有問題，但是如果現在自己是一個企業家，或者政府官員，那是有社會責任的，就一定要從君子儒起修、起學，要學習這套帝王之學。

儒學三大體系，即內聖、外王及自賢，天地人三大體系，究竟哪一個好？我們應該復興、學習哪一個？在此告訴大家，三大體系即是天地人，在任何社會階段都缺一不可，不能偏說哪一個好、哪一個不好，也不能論孰高孰低，任何社會要想整體能夠循天之道，正常向前發展、正常繁衍生息，就一定要將儒學三大體系都掌握，一個社會必有階層，某一階層的人學習相應的一套體系，而後很好的運用這套體系，如此社會才真正能夠長治久安、繁榮興盛，才能夠繁衍生息、傳承不斷。

企業也是一樣，要經營一家大企業，企業的生態環境就是一個社會，企業中的人才是否全面，如何教化企業員工，老闆應該學什麼，管理階層應該有幾類分別學什麼，員工應該學什麼？其實，真正企業發展起來，達到中型以上，企業中儒學的三大體系就必須都得具備，在此高階主管先不論技術類人才，那是現實層面必須具備的，我們講的是千人以上的企業，企業主身邊的左膀右臂，即是高階主管，應該是何類型的人才？企業老闆即是企業的天子，有其明確的社會分工和等級，有其責任和使命，天子章中我們講得很詳細，老闆要以身作則，是道統的代表，不要去做具體的事，具體事務一定是交由群臣、主管們做，他們分工明確。

　　老闆不需要去做具體的事情，老闆是天，雖然高高在上，但是陽光卻普照大地，要做好內修德以應天，在企業內部恩威並施，恩就像陽光，每一棵小草、每一棵樹都能感受到，威也有威的施法。雖然不做具體事，但不代表老闆就在企業中消失了，還必須做到明察秋毫，天子章中我們講了要推己及人，要愛自己的母親，敬自己的父親，以

身作則的做表率，做的是道統的表率。老闆、創始人，要立綱常、設等級、定禮規，首先自己要按照等級、綱常、禮規實行，老闆就是榜樣，這才是老闆應該做的。

　　主管們應該做什麼呢？即是我們現在正在講的諸侯以何為孝，是什麼標準，之後卿大夫是什麼標準，應該如何做事。在此我們講的是大的、宏觀的方面，儒、道、佛，尤其中土眾生佛緣很深，都想學佛，但是企業中的三個等級，老闆是最高等級，精英層即主管層是一個等級，普通員工是一個等級，儒學體系應該如何運用？從宏觀的角度，老闆要學儒學三大體系中的內聖學，而具體學什麼則是密傳的內容；而高階主管的管理層就得學習儒學的外王學，即帝王學體系；員工則要教化他們學習曾子、孟子的自賢學體系，千萬不可混亂，順序不能錯。如果一個老闆自己信佛，還鼓勵公司全員，包括主管們都跟其一起信佛，那這家公司、這個老闆必定敗亡，如此做法不能把企業做好，修著、學著企業就沒有計畫了，進而企業就不重盈虧了，不如直接轉型做教育事業，或者直接建座廟。

我這幾十年見到太多老闆，企業規模差不多了，生存問題解決了，就開始修佛修道，於是企業就開始一點一點的敗落，老闆卻心安理得，認為自己不能貪，得戒貪，要視金錢如糞土，覺著自己是修行人，天天要那麼多錢有何用，天天持戒、禁欲，長此以往，修佛也修不好，因為根本不知如何修佛，不知何謂齋戒、為何吃素、為何禁欲，只是看到市面上教授的修佛方法是天天念阿彌陀佛，所以任何理都不懂。如此自己首先應盡的社會責任都沒盡到，家庭責任也沒有盡到，天天自己覺得是在修行，其實卻是在害人，作為企業主，最大的修行、最大的善就是把企業做好，員工越來越多，而且在企業中工作，能夠獲得穩定的生活，有高福利、優厚的待遇、高品質的生活，而且還能穩定，甚至代代穩定在一家企業中，這才是企業家真正應該修的，要盡到社會責任，修的可不是佛法，那遠遠不夠，必須深切的領悟儒學帝王學，並且在實踐中不斷的運用。

　　一定要分清主次，不是不能學佛，而是要理解學佛是修個人，如果你是個企業主，把企業做好才是你的社會分

工、你的職責，也包括你的家族責任和使命，先盡到職責和使命，交班以後再自己學佛，追求自己心靈的成長，那沒有問題。否則，現在還是企業主，就天天修佛、修道、學小人儒，看似仁義禮智信全具備了，但是企業怎麼發展？因為小人儒這套自賢體系，與帝王學體系是衝突、對立、矛盾的，你懂得如何平衡嗎？除非做聖人的事業，即是教化眾生的事業，那沒有企業，沒有社會的責任，但是一旦要是具備了社會責任，要做一個大企業，或者帶領國家民族發展振興時，可不能用佛法管理民眾、治理國家，馬上就得進行身分轉換，在其位謀其政。再精通佛法，也不能在現實中用以管理企業或國家，而且是絕不可以。

向哪一部分人推廣佛法，帶領哪一部分精英層學習帝王學、政治學、社會學，這是有嚴格界限的。所以不能簡單的說學習儒學，也不能簡單的說打倒儒學，或者復興儒學，都不能過於籠統，儒學是非常完整的，我們要知道，而且都要掌握，然後在哪方面用，根據自己所處的位置，我用相應的一套儒學或者佛法，如此我們才不會修偏，才不會有大的矛盾和衝突。

有人說：「老師，孝不是曾子和孔子對話嗎？那應該是曾子這個系統的啊。」

其實不然。《孝經》其實是在荀子之後才正式成經的，雖然記錄的是曾子和孔子的對話，但是整部《孝經》的思想與荀子的思想一致，因為荀子講究禮，講究等級，這是帝王學的根基。曾子、子思、孟子的體系屬於平民儒範疇，講的是眾生平等，所謂水能載舟亦能覆舟，講究人人皆平等、皆有善性，所謂人之初，性本善。真正的禮，我們所講的聖王以禮樂治國的禮，是荀子所講，而非曾子。禮涉及到政治等級、政治秩序以及社會結構，是荀子的儒學帝王學中最基本的概念，從《孝經》中得以體現，所以千萬不可混淆、錯亂。

儒學的帝王學從何而來？孔子述而不作、信而好古，他自己不創造，只是繼承和發揚，因此儒學帝王學起源於我們的先聖，即伏羲、黃帝、堯、舜、禹等聖王。周初時，周公旦設禮制，形成一整套的王官學，王即聖王，官即官員，王官學即聖王的統治學，亦即是中華帝王學。那個時

期就將黃帝、堯、舜、禹的管理經驗，如何做好帝王、管理百姓，即聖王們的言行錄及其教誨，形成了一部《尚書》；同時周初時期，在民間搜羅了大量上古遺留下來的經典語錄，即所謂的《詩經》。《詩經》與《尚書》其實是一個道理，只是文體略有不同，都是如何治國安邦，如何把人治和天道即道統融合起來，現實中人間帝王如何管理好百姓，人心、人性到底為何亙古永恆不變，根據人心、人性與天道的結合，如何制定一整套規則、體制，實現長久的管理，如此積累而成周初的王官學。

王官學有四術，即周初就有大學，學習四門課程，即詩、書、禮、樂。詩即上古遺留下來的經典語錄，每首詩中都蘊含著很深的管理學、帝王學、統治學，包括人與天相應的奧祕，這是最重要的一課。書是指黃帝、堯、舜、禹這些人間先聖聖王管理的學問。禮分幾層，第一層為祭祀之禮，第二層是我們的政治學和社會學。聖王之禮修的就是如何祭祀神明，這就涉及到了精神領域；而第二層統治學的基本概念，比如政治制度的建立、政治等級的劃分、政治秩序的界定、社會結構的建設都是禮，還包括應該如

何教化眾生、如何教化平民使之守禮守規、不同等級的貴族應該如何教化，遵守什麼樣的禮儀規定，這都稱之為禮。

樂即溝通之道，先通神，隨後是人與人之間的溝通，這方面我在六藝系列書中講了很多，周初的王官學即是周初的貴族及社會精英必須學習的，包括詩、書、禮、樂四門課。在王官學的基礎上，孔子晚年發現了周初傳下來的《易》，其中揭示的就是道統學的根源、宇宙運行的基本規律，但《易》在周初是王官學之外的學問，稱為占卜之書，用以預測，不是帝王學的一部分。孔子解讀了《易》以後，才將其從占卜之書上升到哲學性，賦予其政治性和社會性，《易經》才成了萬經之首。

孔子一共作了兩部經典，一是《易經·十翼》，一是將魯國的歷史編撰成了《春秋》。所以孔子時期，又增加了《易經》和《春秋》，在之前周初王官學的基礎上，形成了六經，詩、書、禮、樂、易、春秋。漢初時，漢武帝罷黜百家，獨尊儒術，讓知識分子、貴族階層即統治階級，專門研究六經，但是當時樂經已經失傳，秦始皇焚書坑儒，

把民間的儒學經典都燒毀了，後來項羽又火燒阿房宮，如此傳到漢時只剩下五經，到現在《樂經》都沒有找到，所以漢武帝時設立五經博士，專門研究五經，那個時期貴族全都得學習五經。

這是儒學的發展過程，儒學帝王學的演變由來，其實就是先聖黃帝、堯、舜、禹等聖王傳下來的治國經驗，即所謂王官學，後來延伸成了儒學帝王學體系。這套體系由孔子傳給了子木，子木傳給了子弓，子弓傳給了荀子，荀子又往下傳給韓非子、李斯，繼續傳至董仲舒，如此一路傳承下來，直接導致漢唐的興盛與繁榮。

漢唐崇五經，宋明推四書，而四書《大學》、《中庸》、《論語》、《孟子》已經是完全的小人儒，完全不是外王的帝王學儒學了。《大學》是曾子寫的，《中庸》是子思寫的，《論語》是曾子帶領弟子們整理並親自著筆的，加上《孟子》完全是小人儒的整套傳承，修自賢就是自己個人內修德、外修禮，與帝王術一點關係都沒有。到明時，發展成為王陽明的心學，亦稱之為心性儒學，把禪宗、道

家的理法都整合在一起，但強調的還是自修心、修內德、修自己，把帝王學的政治學、社會學、管理學都拋棄了，所以稱之為小人儒。

漢唐大興的就是帝王學、外王學，都是從黃帝、堯、舜、禹留傳下來的，而我們現在的中華要復興哪一類儒學？我們不能在小人儒的方向上繼續發展下去，自宋以來，中華已經在這個方向上走了一千多年，現在必須復興漢唐的帝王學君子儒。尤其是現在中華的精英層、統治階級，必須要學好帝王儒學，重新構建一套政治體制、政治秩序、政治等級，以及社會結構。同時這套體系要符合道統，根據道統設立綱常，再根據綱常樹立新的倫理道德觀，由此推出一套禮規即禮儀規範，然後教化眾生、教化全國百姓按照這套禮規做，最後把法治、法律作為補充和輔助。如果能夠堅持按照這套體系治理，整個社會馬上就會安定下來，就能達到「以順天下，民用和睦，上下無怨」。

統治階級、精英層，加強學習帝王儒學，既在精神領域強大力量，又在人間現實社會壯大實力，從最基本的觀

念上改起，尤其是精英層、統治階級，放下一千年來所學的這些道學的無為，放下佛學的清淨無欲、不貪、不爭、不搶，放下儒學小人儒的修內德的觀念，精英層率先奮起，社會就是叢林，為何不爭？世界就是叢林，資源只有這麼多，你不想跟別國爭，你壯大後別國就會主動來打你，你不想打只想妥協、避讓，但是如何避讓的開？不爭的最後結局就是敗亡，西方各國聯手，我們在軍事力量、經濟實力上，都處於被動局面，此時還是不爭，依然學佛，清靜無為，無為而治，其實根本都已經理解錯，精英層還走著小人儒的自修路線，民族就沒有希望了。

之所以稱之為小人儒，即是平民可以修、可以做的。作為社會的精英層，擔負的是社會、國家、民族的重任，就不能往那條路上走，精英層不改變、精英層沒有力量、精英層無知愚昧，國家和民族就沒有希望了，十幾億百姓再著急都沒有用，百姓必須在精英層的帶領下前進，社會是由精英層引路的。如何能把百姓中的優秀者，透過正常的通道上升到精英層，這是一門學問。

在此著書講授國學、中華文明、歷史淵源、文字、文言文、中華的信仰，進而講授儒學，為何從《孝經》講起，而沒從《論語》講起，也沒從《孟子》講起，因為那套小人儒已經講了上千年，在此就不需要再講了，我所講授的國學大智慧是針對精英層的，可能暫時沒有精英層、掌握國家命運的統治階級讀到本書，但現實中如果能成為企業主，將企業當作商業帝國，麻雀雖小，五臟俱全，企業就相當於一塊封地，如何將其做大、做強，把小企業真正打造成為商業帝國，也必須放下小人儒，必須拿起、學好、運用帝王學的君子儒，那時打開本書就會極為受益，就會知道管理的方向、用人的方法，這是一整套龐大的系統。

第三節

五千年分封制並不簡單
三代積累精英讀書跨越

《孝經》是帝王學的基礎，現在講到第三章諸侯，經典僅僅是引子，如果只是一句一句的講經典，根本學不到什麼，真正應該學的都是經典背後的含義。諸侯是政治體制中非常重要的組成部分，是當年協助周天子打天下的功臣，以及周天子的家人，形成了社會的貴族階層亦即是管理階層，亦稱為精英階層，呈現出政治體制中非常重要的部分，即政治等級和政治秩序。當今中國社會中已經沒有諸侯，沒有貴族，沒有精英層了。

整個貴族，即諸侯、士大夫體系，稱為分封世襲制，從夏商時期就開始有了，但是周開始明確建立了一整套分封世襲等級制度，一直延續到 1930 年，民國才正式頒布取消衍聖公世襲，至此貴族世襲制全部取締，延續了五千年。事實上，整個貴族階層、精英階層的等級、層次是非常重

要的，一切政治秩序、社會結構都是以等級劃分的，一切的禮也首先得有等級，而等級是天然的，即是指血統。最早的分封等級，是以軍事貢獻進行分封，稱為軍事分封制。

周文王、周武王，原是西北小諸侯國的諸侯王，商紂王暴虐無道，文王、武王相繼滅商伐紂，滅商戰役中的有功之臣，在取得天下之後各有分封，這就是所謂軍事分封制。天下接受分封的只有兩類人，一類是姬姓皇族的親屬，分封為諸侯王，另一類就是有戰功的功勳大臣，之後周朝八百年都是由此分封出去的諸侯，其子孫代代傳承，世襲罔替，一直到朝代變遷，新的諸侯又重新開始。正如秦統一了六國，把周的世襲分封全都打破，而秦始皇更是徹底打破了世襲罔替的分封制，實行皇帝集權的中央集權郡縣制，而且秦十五年而亡與此就有直接的關係。

有人不理解，「老師，中央集權郡縣制不對嗎？不是應該更有利於統治嗎？落後的分封制，不是問題很多嗎？」

那可不一定。其實不僅是周朝，先聖的聖王使用的全都是分封世襲制，然而這麼多年，這些聖王們難道想不到

中央集權制嗎？想不到郡縣制嗎？而秦始皇第一個改變分封制，建立君主集權制和郡縣制，為何十五年而亡？秦始皇統一六國後，朝廷中關於延續周的分封制，還是實行郡縣制展開了大辯論，當時有個儒生淳于越建議，必須實行周以來的分封世襲制，可把秦始皇氣壞了，他認為周就是因為世襲分封的諸侯做大了，才把周天子架空的，甚至懷疑淳于越想剝奪他的皇帝權利。丞相李斯在旁一看，原來秦始皇想把權利歸於自己一人，不想分封給皇親功臣們，於是馬上轉向調頭、見風使舵，支持秦始皇，而且說這些儒生只知遵循先聖慣例，迂腐至極、頑固不化。

如此李斯在旁敲邊鼓，支持秦始皇做千古一帝，將萬千權利集於皇帝一身，而淳于越等儒生只想恢復古制、法先王，恢復周初的先聖之古制，其實荀子就是這套思想，首先是法先王，而後是統和分，這是荀子最重要的思想。但是秦始皇不這麼認為，為何要法先王，我乃千古一帝、光輝偉大，要建立一套新的中央集權制。甚至淳于越被殺之前，還在堅持對秦始皇進言，如果這樣創新，秦的朝代不會長久，很快就會被人侵佔，因為只要有人造反，肯定

沒人幫助秦皇。

周初時為何實行分封制，分封皇親和有功之臣，看似權利分散，然而如果一人起義造反，想入侵替代周天子，周天子周圍的諸侯就會群起而攻之，因為保不住周天子，他們世襲罔替的貴族封地就保不住了，大家是利益共同體。如此還會防止一個諸侯獨大，侵犯了周天子的權威，想替代周天子，其他諸侯一定聯合起來群起而攻之。如果有外族入侵，比如北方匈奴、突厥要入侵，周天子就會號召諸侯國，共同抵禦外賊，大家都會拼命抵禦，因為是大家共同的利益，一旦國家被外族入侵了，所有人就都成為了奴隸，封地肯定全都沒有了。所以分封世襲制是有好處的，是有利於國家長治久安的，周朝八百年的歷史，可不簡單。

秦始皇聰明偉大，改變了先王的分封制，結果真的十五年就被滅了，只傳到第二代，農民起義出現之後，還有誰能幫秦？諸侯都沒有了，秦才建立十五年，當時開創大秦、滅六國的老將功臣還都在世，為何不出來助秦呢？只有一個章邯，其他大將、功臣都覺得與自己沒關係，但

是為秦建立那麼大的功業，結果什麼也沒有得到，現在我解甲歸田，什麼也沒有了，我還出去幹什麼？結果只有章邯抵擋了一陣，最後起義軍就把秦滅掉了，其實儒生淳于越早已說出了秦的下場。所以，我們現在也不能簡單的認為某種機制多麼好、多麼先進，這種問題一定不能被簡單灌輸所影響，要從歷史事實中好好的分析、思考，包括現代的美國為何採用聯邦制，英國、日本為何採用君主立憲制，為什麼不用中央集權制。

中華歷史上，漢劉邦把秦推翻，把楚霸王項羽打敗，自己登基稱帝以後，第一件事就是恢復周初的分封制，世襲罔替，既分封了劉姓王，同時還分封了七大異姓王。劉邦為何不實行秦始皇的中央集權制，以及郡縣制呢？雖然後來也出現了七國之亂，所謂的劉姓王諸侯國也發生了叛亂，其實還是因為後來幾代皇帝又覺著諸侯國勢力太大，不想繼續維持分封制，又想剪除各國，才激起了七國的諸侯王叛亂，使得國力出現了內耗。其實還是沒有按照周時的體制執行，中間發生了變化。所以大漢之後中華的朝代更替，就是在中央集權制和分封制之間來回的顛倒變換，

直到 1930 年徹底將貴族世襲取締後，到現在再也沒有了分封世襲。

　　然而繼續往後看，沒有了分封，1930 年到現在不足百年，未來社會是否越來越穩定，百姓是否都能安居樂業？其實社會的發展和穩定，首先應該是上層貴族階層、精英階層的穩定，得由精英層帶領整個社會往前發展。然而精英可不是一個普通的平民百姓，學習幾十年就能成就的，一個精英至少要經歷三代的培養，是積累而來的。曾子在孔聖人身邊學習了幾十年，還是脫離不了小家子氣、小格局、小心胸，就是因為從小在農村長大，見過的就是那一畝三分地，人際關係就是那幾個親戚之間，想讓他胸懷國家大事，而他天天還得想著如何賺錢吃下一頓飯、如何生存，怎麼可能有精力考慮國家之事？

　　真正有能力想國家時，已經年過六十，曾子晚年衣食無憂，提升到了貴族階層，不用再為物質拼搏了。那時他的兒子都已經三、四十歲了，也成為半個貴族，但是出身及童年時的狀態還是改變不了。但是他的孫子剛出生時，

爺爺是大格局，爸爸也是大格局，孫子從小接觸的人事物就不一樣，格局也就不一樣，一輩子也不用考慮如何賺錢，生下來就是精英層，只需考慮如何做好一個精英，為了家族的榮耀，從小訓練，必須得知禮、守禮。可不要以為過去的貴族子孫像現在的官三代、富三代，任性妄為、知法犯法，不必說絕無可能犯法，犯規都不行，雖然刑法不上大夫，但是貴族的家規非常森嚴，比法律嚴厲得多，事實上最大的懲罰不是殺了一個人，而把他的世襲爵位革除，使之成為一介平民。

何謂一介平民？貴族世襲罔替，傳到你這一輩，衣食無憂，國家有封地供養你，不用為金錢和生活奔波、憂愁，有社會地位，受到大家的尊重。一旦你不守禮，破了規矩，直接將你世襲的封地爵位革除了，以後無人無地供養，你就得自己勞動，自己養活自己了，如果你從小沒有學過生存技能，那就會餓死，或者要飯、流浪；最重要的是，你的子孫也都沒有爵位了，多麼可怕，可不是自己犯法了判罪服刑就行了，那時候根本不存在這個問題，受影響、受懲罰的是整個家族。

那時所謂的刑不上大夫，法律不是給貴族大夫制定的，因為那時候根本不存在貴族貪污受賄，封地內的一切都是貴族的，從小衣食無憂，根本不知何謂貪污。貪污是現在的概念，都是從平民中出來的，當官有權了，拼命貪幾年，所以現在的禮規根本限制不了人，一人被判刑，家族與之無關，也都不受懲罰，根本不受影響，兒子也不會因父親受牽連，兄弟姐妹也都不會受牽連，但是一人當上高官，全家都能得到好處，所以現在為何腐敗橫行治理不了，因為根本沒法治理。

中華古代尤其在周時能實現八百年基業，是因為一整套的社會學、政治學，用禮樂把人控制住，那可比法律控制人嚴格多了。因此《孝經》開篇所講即是，「立身行道，揚名於後世，以顯父母，孝之終也。」這才是大孝。如何立身行道？即是用這種等級制、分封制固定下來，真正被分封的人，豈敢犯罪，禮規都不敢稍有侵犯，這是整個家族的力量。

平民沒有血緣，無法自然的世襲得到分封，而孔子就

為平民開闢了一條道路，即讀書之路，所以俗語說「萬般皆下品，惟有讀書高」，優秀的平民透過讀書學習王官學，修六經之詩、書、禮、樂、易、春秋，修六藝之禮、樂、射、御、書、數，就能實現跨越階層，為統治階級服務，就能從平民上升成為士，即最底層的貴族。實現了到士的跨越，能夠為大貴族服務，也就跨越成為了統治階級，其實現在也類似，我們現在說學習讀書好的、優秀的學生，也是都去考公務員，所以不讀書則不可能往高層次提升。

因此，孔子開創了平民向上提升的延伸之路，後來漢將孔子這一套教化之法大興於天下，結合鄉舉制以及儒學經典，就有了一步步通往貴族階層的通道，如此又能化解上下相怨的問題，本來平民永遠都是平民，現在給你希望培養兒子好好讀書，學習貴族王官學、六經六藝，遵禮、守法、守規矩，從小內修品德，外行於禮，貴族階層就能把他提拔上來，為大貴族服務，就有機會成為小貴族，所以後來的科舉制就是一步步這樣發展起來。

現在講西周時的社會學、政治學，其實企業同樣是一

回事，要做企業應該採用中央集權制，還是世襲分封制，要好好的想一想，也不是要直接照搬古人，我們所謂法先王是一個原則，畢竟現實環境還是會有所不同。學古以鑒今，為什麼學《孝經》？一定是對當下的家庭、家族，以及公司、企業有好處，否則不要學，如何教化孩子我們自己都不知道，應該教孩子什麼也不知道，卻天天逼孩子學習，孩子的大好時光卻天天用那麼多的時間精力學習一些自然科學知識，結果就是被社會、被分數綁架。

甚至我們已經不在乎孩子學什麼，是否全面，步入社會是否有用，根本都不在乎，如此孩子也會跟著本末倒置，只會考高分，為了考上好大學，自認為大學出來就會有好工作，以後就會有出息、有發展、能成功。但是分數高和最後的成功，有沒有直接關係？是不是這麼簡單的邏輯，分數高就能考好大學，考上好大學就有好工作，以後就一定能成功？教育之重要，能這麼簡單推論嗎？

現在的教育體制，最大的問題就是教學內容太簡單，全都是自然科學知識，根本不涉及社會學、政治學，以及

真正的管理學、成功學，更加不會涉及溝通學、宇宙自然運行的規律、人與人之間的關係、人與事之間的關係、人與物之間的關係。但是，上述這些全都是中華古人培養貴族、培養精英、培養成功者的學習內容，是從七歲開始就天天勤學苦練的真學問。上述這套學問，就包含在六經六藝之中，那時的孩子從七歲一直到十八歲，就是天天學習六經六藝，所以十八歲步入社會，有機會就能馬上成功，因為基礎已經夯實了，最寶貴、最精華的時間，都在有效的學習能在社會上建功立業的、經邦濟世的真學問。

我們現代教育所學的，僅是六藝中的一藝，即禮樂射御書數，其中的數，在現在學校裏學的還僅是數一部分，也就是自然科學中的數學、物理、化學等，而學的那一點政治、歷史、語文，根本不能稱之為社會學、政治學、管理學、成功學，七歲到十八歲之間與人根本不打交道，非常的單一，只是學習。與班裏的同學關係怎麼樣都不關注，如何與老師相處，如何與同學相處，也都不關注，僅僅關注分數。十八歲上大學後都成了高分低能，談何成功？我們從小經常聽說的資優班，都是少年天才，考試分數最高，

而長大以後有幾個真正成功的？

現在講述諸侯之孝，其實講了很多的社會學、政治學。為什麼周初要實行分封制，設置諸侯，世襲罔替？為什麼現在的日本、英國，包括美國等社會主流國家，也都是實行類似的制度？這種制度真的對社會發展、安定、繁衍生息有好處嗎？到底有什麼好處？在此只是為大家引個路，帶大家走上一條以前並不知道的道路，然後在此基礎上，個人再去深思，為什麼要學習先聖聖王的這套儒學體系，對現在到底有沒有用。

現在的社會結構、政治體制、等級秩序都是最好的嗎？沒有等級就是好嗎？不要以為這些跟我們沒關係，自己只是一介平民百姓，其實書讀至此首先就要明確一事，為何學習儒學？如果只是想做安居樂業的平民百姓，子孫都要好好做個平民百姓，的確根本不需要學習儒學，沒有必要。學習儒學的第一目標、第一動力就是跨越階層，如果沒有跨越階層的想法，大可不必花費時間。跨越階層即是透過努力學習，真正掌握儒學體系後，進入精英階層，未來自己的孩子也必然要進入精英階層，不僅是實現一代人的跨越。有此最基本的動力和願望，再開始學習儒學，即使是

自修內德的小人儒，也都是為了跨越階層準備的，其實也不是安於平民、不想跨越之人所學的。

孔子對平民所學也說得很清楚，「君子學道則愛人，小人學道則易使也。」聖人清楚的告訴我們，平民要學基本的生存技能，如何賺錢養家糊口，即則易使也。而君子不需要養家糊口，不需要學賺錢的技能，君子學道則愛人，意即是學習人文體系的學問，學習哲學、社會學、政治學、管理學、成功學、統御學、謀略學這些學問體系，但一定要清楚學習這些到底是為什麼，是要成為君子、跨越等級、跨越階層，所以得學人文的學問體系。

我所教的儒學體系，既有聖人儒，又有帝王儒，還有自賢的小人儒，三個體系我全都會教，但是想學哪一套體系，一定是有了目標，確定好要跟老師學習哪一套才會開始傳授。聖王儒學只能教給弟子，帝王儒學中一些淺顯的部分，可以在書籍等公共平臺為大家講授，如《孝經》，而自賢的小人儒，則是完全公開講授的，都集中在解讀《六祖壇經》的系列從書中。《六祖壇經》系列有幾十本書，其中結合了曾子、子思、孟子，直到王陽明的心學思想，都在其中。自修體系，我會將其集大成，整個佛法在其中，

講究自己修。度化眾生和教化眾生不是一回事，儒學之教化，是真正的帝王學、社會學、政治學，而佛法度化眾生是單一度化，每個人都是自修，向內修自己，所以歸類於小人儒的範疇。三大體系都在傳授，要根據個人情況選擇性的學。

第十五章

在上不驕　制節謹度

保其社稷　和其民人

諸侯僭越民不守禮天下大亂
孝即等級守禮規安住有大智

　　前面章節大概講述了貴族階層運作的體制秩序和社會結構，如果一句句的解讀《孝經》，其實非常簡單，不足兩千字的《孝經》，幾萬字就能翻譯、解讀出來，但是那樣解讀沒有意義。如果不能深入的將經典背後立體的含義，整體性的為大家揭示出來，學習《孝經》真的沒有意義。既然講解就講得細一點，真正讓大家從經典中學到上古的智慧，並且能夠應用於當下，應用於個人修養，應用於家庭、企業、國家，此即謂之以古鑒今。

　　經典背後的內涵不細緻解讀出來，不知其含義，又不知現實中如何使用，學習經典有何意義？傳世經典之所以不同於白話文章，因為經典是先聖的智慧流露，白話文則是普通人用意識經過判斷寫出來的，二者的區別在於，普通白話文章就是一個點或者一條線，充其量是一個面，一

眼望去就能看透、看明白、看清楚了；但經典是先聖智慧的流露，每一句話、每一個字都是一個整體，體現的都是一個立方體。所以，我們看經典時一定記住，不可以僅從字面上像普通白話文章一樣解讀，那樣解讀也只能看到經典的一個面而已，即好像一個立方體在眼前，只能看見面前這一面，其他五面都看不見，而且立方體有內有外，都是有內涵的，表面解讀就只能解讀出表面的一面，內涵根本解讀不出來。

之所以要有明師講經說法，即是不僅要知道面前這一面的含義，同時要解讀出看不見的其他五面，包括立方體內部真正的內涵，如此才真正是解讀經典。我們真正解讀經典的時候，一句話可能就會解讀出幾本書的內容，也許只有四個字，但將這四個字拆解開，前後左右、上下內外都講通，甚至需要幾萬、幾十萬字，所以真正解讀經典是這樣的。透過對經典的不斷解讀，就能深切地理解經典中的含義，聖人透過經典的文字到底要傳遞給後人什麼深意。

孔子在《易經·繫辭上傳》中有一段話，即是此意。「書

不盡言，言不盡意；然則聖人之意，其不可見乎？」孔子說得很清楚，書即文字，只看文字解讀不了聖人真正的含義，根本不知道他想對我們說什麼。言不盡意，即口耳相傳的語言，也不能理解聖人真實的內涵和含義，一是眼見一是耳聞，透過眼見耳聞都很難理解經典中聖人要表達的真實含義。而孔聖人在此自問自答了一段話，然則即如果這麼說，那聖人的真義，要表述的真諦、真理，我們就不能知道了嗎？就永遠解讀不出了嗎？到底有什麼方法可以知道聖人的真諦？

　　隨後就是孔子揭示出的儒學修行密法，孔子自問自答道：「聖人立象以盡意，設卦以盡情偽，繫辭焉以盡其言，變而通之以盡利，鼓之舞之以盡神。」聖人已經在經典中把方法告訴我們了，非常直接。但是，我們能明白聖人教我們的方法嗎？我們應該如何解讀？如果不掌握這些方法、這些術，天天背誦經典滾瓜爛熟也沒有用，根本不知聖人在表達什麼。我們必須得學會聖人所說的這幾種術，何謂立象？何謂設卦？何謂繫辭？何謂鼓舞？這些如果都不通，就根本無法透過經典得知聖人的本意、真意。

經典是顯露、顯傳於世的，但是自古以來真正能夠解讀經典的，並沒有幾個人。因為雖然經典顯傳於世，但每一部經典其實都有一把大鎖緊鎖著，只看字面無法窺探其中的精髓，無法進入經典深處就無法掌握其真諦，在現實中就無法應用。只知道很多自以為對、自認為是經典所講的理，在現實中卻根本無法應用，而密傳之術就是打開經典大鎖的鑰匙，必須得有這把鑰匙，才能真正解讀清楚經典，明白聖人的真義。這把鑰匙由五部分組成，即立象、設卦、繫辭、變通、鼓舞，這五部分都得知道，都要清清楚楚的熟練應用，才能真正打開經典之鎖，才能走進經典的寶藏，才能獲取寶藏、為己所用。

我們講解《孝經》，並沒有太延伸開來講，但是如果真正延伸完整，把《孝經》徹底講明白，儒學整體也就全在其中了，此即謂立體。透過一部《孝經》，包含的是儒學整體的內涵，但是儒學並沒有自己創造性的內涵，都是法先王、述而不作、信而好古，都是把上古時期聖王遺留下來的典籍語錄、治國修身的方法，在儒學中集中進行匯總，所以任何一部儒學經典都包含著完整的儒學，中華文

明的緣起與一直以來的發展其實都在其中，而不是僅一部《孝經》能延伸出儒學整體。當然不是經典是不行的，必須講解真正的經典，比如《詩經》、《尚書》、《易經》、《黃帝內經》這些經典，如果細講都能延伸出很大的篇幅，看似一部經典如碎片，其實都包含整體。

那麼再來看《孝經》第三章諸侯，諸侯之孝應該遵守什麼標準和規矩。按照古制，諸侯是在天子之下，開國天子的子孫以及同宗同族的親眷，再加上開國時建功立業的功臣們，被分封為諸侯。諸侯都有封地，有五個等級，即公侯伯子男。五等諸侯是根據貢獻大小、親屬關係遠近程度劃分的，五等諸侯的封地面積大小不一樣，大封地即大諸侯，小封底是小諸侯，沒有封地則不是諸侯。公侯封地百里，伯封地七十里，子男封地五十里，不足五十里的不稱之為諸侯。有二十里、五里封地之人，稱之為附庸，即附庸是在公侯伯子男之下，但不能稱為諸侯。

周天子是整個國家最高的領袖，給予近親眷屬、同宗同族者、功勳元老、開國元勳封地。周天子滅了商紂王，

將西北、關中平原一帶的富庶之地劃為自己的封地，天子的封地最大，然後把諸侯派至他們的封地、諸侯國，都是較偏遠的地方。諸侯自己開創自己的封地，在諸侯國中權利很大，可以獨斷專行，封地內的一切資源都是他的，一切的稅收都由他負責收，封地內所有的百姓都是他的子民，在封地內有生殺予奪的大權。而諸侯對天子也要盡兩項義務，第一，每年向周天子稱臣納貢；第二，一旦有戰事發生，諸侯有義務派兵協助周天子。一是軍事義務，一是納貢義務，其他所有在封地內都是諸侯自己說了算，權利非常大。

軍事上周天子擁有軍隊，但周天子的軍隊並不是國家的，而是在天子封地內保護天子的軍隊，天子的軍隊相對也是所有諸侯中最強大的，因為天子封地是最富庶的。國家要面臨的一是外敵、一是內患，外敵不外乎北方少數民族，周時沒有長城，但基本界限就在那裏，北方少數民族想來侵擾中原，所有諸侯國都得派兵，這是事先約定好的。諸侯國在有戰事時必須得派多少輛戰車歸天子統一管理都有明定，周時以戰車為基數，公侯要派戰車千輛，伯要派

戰車八百輛，子男派戰車三百輛，都必須盡此義務。

內患則是其他的諸侯，有的不聽話，不向天子納貢，不尊重天子，不守禮法，甚至僭越、要對天子不利，出現這種情況，則其他所有的諸侯必須派兵一起懲罰、討伐不守禮法的諸侯。這也是之前都約定好的，其實這種政治體制真正運行好了很穩定，直到春秋戰國時期這套禮法、禮規才開始被打破，所以戰國時期即稱為禮崩樂壞，都不聽從於周天子，各個諸侯國擁兵自重，不服天子管束，各自為政。所以戰國時期十分混亂，春秋時期還沒亂到那個程度，但是戰國七雄，大的諸侯國不守禮法，經常吞併小諸侯國，才開始了混亂。

周時的一套政治體制、政治秩序、社會結構運行了五、六百年時間，其實非常穩定、國泰民安。但後來禮崩樂壞，各諸侯國紛紛僭越，人心不古，規矩全被破壞了，後來出現戰國七雄爭霸天下，最後秦始皇統一天下。秦始皇是最不守禮法的，把整個周時的體制全部破壞，後來又創立了君主集權制，其實有非常大的弊端，君主集權制採用的太

過淋漓盡致的朝代，基本都不會很長久，很容易被顛覆，其中道理以後有機會我們再詳細講解。

《孝經》第三章講諸侯之孝，孝即標準、禮規，諸侯應該本著什麼樣的本分做事，才不越禮、不犯規。【在上不驕，高而不危，制節謹度，滿而不溢。高而不危，所以長守貴也。滿而不溢，所以長守富也。富貴不離其身，然後能保其社稷，而和其民人。蓋諸侯之孝也。《詩》云：「戰戰兢兢，如臨深淵，如履薄冰。」】

諸侯之孝中都是危、溢、戰戰兢兢、如臨深淵、如履薄冰等詞彙，為何如此小心謹慎？因為諸侯是天子之下、萬民之上，即一人之下、萬人之上，本身權利很大，對天子所盡的義務很多都是形式上的，而權利大了其實就有威脅天子的狀態，如果自己野心膨脹、不守禮規禮法，有實力又功高蓋主，就開始生出僭越之心，想對抗天子或者取代天子。其實有這個實力，就很容易做出犯上的惡事，自古以來諸侯真正手握實權，又有好下場得善終的真的不多，就是因為有實力則驕橫，不把天子放在眼裏，覺得天子都

得依靠自己，天子的實力、經濟、兵力都不如自己，很容易出現不再服從於天子這種狀態。然而凡是驕橫者，天子基本都會想辦法滅掉。

歷史上的政治發展過程中，國家之亂基本就是亂在天子和諸侯之間的實力、心態不平衡，有時天子還要削藩，所謂藩就是手握實權的諸侯、封疆大吏，力量大了，不太聽話，又有了僭越之心，這時天子就要治他，他不服就會造反，如此一來國家就開始了戰亂。唐朝的安史之亂，安祿山、史思明兩大節度使，即是諸侯，雖然唐將持續了八年的安史之亂平息了，但是大唐就從鼎盛一點一點的轉向衰敗。漢朝則是七國之亂，也都是諸侯起兵，而且最後都沒有好下場，雖然都平亂了，但國家其實受到了很大的傷害。

之所以諸侯叛亂、犯上，並不能簡單歸結為政治體制有問題，這些犯上叛亂的諸侯其實都有一個共同點，歸根結底都是不守綱常、不注重倫理道德標準，即是不守禮規。有實力後野心膨脹，就僭越了。當時孔子向老子求道問禮，

現在人心不古，百姓的人心好像都變壞了，不太好管理了，怎麼辦？根源是什麼？為什麼天下諸侯與百姓都變成了這樣？老子對孔子說，其最根本的原因就是有實力的諸侯不尊天子，僭越禮規，連帶的民眾也不守禮，這是天下大亂的根源所在。

聖人是以禮樂教化天下，而不是用武力、暴力征服天下，尤其得到天下之後，一定是以禮樂管理天下。禮其實就是守規矩，首先一定要有等級，然後從小在家庭中就教人按規矩辦事、按禮法做事，不僭越，中華自古以來就是這樣教化，如此大家才能各安其職，各階層都不作非分之想，盡好自己的責任和義務，做好自己的事，各司其職、各謀其政，天下就會太平。大家都守禮規，守倫理綱常，法律其實就沒有太大的作用了，僅僅是個輔助，如此民眾容易和睦、長治久安，內部沒有太多矛盾，外面也就不可能侵略。

一個真正守禮、知禮、懂規矩、守倫理綱常的民族，團結和凝聚力非常強大，哪有外族敢於侵略？既無外患也

無內憂。此即之所以中華盛唐那麼強大，眾所周知中華之盛唐是禮儀之邦，萬國來朝、紛紛效仿。比如，日本在管理方面一直名列世界前茅，企業穩定性、軍隊戰鬥力都很強，就是因為從小就把這套禮法灌輸、教化給每個人，在學校遵紀守法，到企業中更是這樣，絕不僭越，在軍隊裏守軍隊之規，看似非常死板，有時覺得不可理喻，然而正是因此日本整個民族才如同鐵板一塊，凝聚力非常強大，任何事都有章有法、有綱常有倫理。

另一個典範就是新加坡，這兩個國家都是以儒學治國，在現代社會中都是極為出類拔萃，新加坡是典型的儒學治國，而日本則是遵循大唐時的一切禮法、倫理綱常，新加坡的每一個人在綱常倫理、禮規方面也都做得非常好。百姓受此教化，孩童時就受著禮規的教化，從不犯規，犯規必受懲罰，不是法律懲罰，而是民間民眾、家族家庭從小就立規矩，長大以後則真正懂得守禮規、守法律，等級森嚴，在等級的基礎上建立一整套綱常、倫理、禮規，其實都是中華古代的道統體系，日本、新加坡都沿用至今，是不是真的好用清晰可見。

而我們中國自身的問題，即是無禮、沒有等級、不講禮法，尤其沒有了綱常，而且沒有倫理哪有道德？現在都是唯利是圖，甚至受的教育都是如此。在此前提下講解《孝經》，喜歡的人真的不多，因為與當下的觀念、環境及教育背道而馳。現在已經把一切倫理綱常都當作黑暗舊勢力全部打倒了，又沒有建立起新的秩序，甚至以不守禮、不守規為榮，所以講解《孝經》，很難感興趣，甚至會認為是封建社會的殘餘。

　　中國企業為什麼如此難於管理？為何現在中國家庭中的孩子如此叛逆？現在的家庭中有等級、有禮規、有家教嗎？禮規在家中則稱為家教，在社會上稱為社會規範，而現在中華古老的傳統全都打破了，沿襲下來的禮規都打破、沒有了。在家從小培訓的就是暴力、造反、叛逆，在家革父母的命，到了企業革老闆的命。企業中沒有等級，沒有規範，如何管理？即使定立了規範也是被大家用來打破的，甚至都覺得打破規範、打破禮規的人是英雄，如此企業根本沒有凝聚力、沒有向心力。

現在的人都沒有長久之計，大學畢業以後進入企業，總想著自己練得差不多了就要離開。所以中國的企業總是不到位，與日本的企業相比，日本企業都按照中華唐朝的禮法體制、社會結構、政治秩序運行，而且沒有變過，國家層面的日本天皇制已經存在了兩千六百多年，而百年企業即使經歷了二戰，也都沒斷過，日本百年以上的企業有三萬家之多，而且還有超過千年依然在延續發展的企業，而中國現在僅有幾家百年以上的企業，寥寥無幾，為何沒有了？傳承全斷了。

　　《孝經》就是在講社會學、政治學，對現實中想成功的人才真正有意義。政治學、社會學不是為官者才能學習的，想把家庭治理好、把企業做好，都涉及人的管理，而社會學、政治學就是對人心、人性、人情的解讀，以及在此前提下如何管理人。家庭中存在夫妻相處關係、與父母相處關係、兄弟姐妹間的關係，對待子女的關係，以及孩子的教化等等，都屬於社會學範疇。不懂真正的社會學，其實都不可能把家管好，如果認為把孩子的飯餵好，讓孩子不愁吃、不愁穿、不愁玩，上學受最好的教育，如此就

盡到父母的責任了，那是大錯而特錯。

真正教化孩子的不是社會、不是學校，而是父母。然而如何教化？社會學等都不懂，自己如何被教化的都不知道，自己如何長大的都不知道，對錯都分不清楚，把自己混亂的一套又用以教化孩子，所以一代一代越來越亂。現在的家庭中逆反、叛逆、抑鬱、反社會，甚至自殺的孩子很多，有心理問題的孩子不止一半，甚至超過 60%。這種情況多麼可怕，就是父母從小到大，不斷以愛的名義傷害孩子，就是因為父母不懂我們老祖宗傳下來的優秀智慧。

近兩百年，老祖宗的優秀智慧全被拋棄了，現在甚至根本不知道祖先智慧的存在，又建立不起新的智慧體系，所以整個民族全是亂的，家庭是亂的，離婚率超過 50%；孩子是亂的，心理相對健康的正常孩子不足 20%；企業是亂的，管理一塌糊塗。這些都是我們必須面對的現實，中華祖先的社會學、政治學精髓，已經穩定延續、成功運行了幾千年，而近一兩百年全被拋棄、打碎了，其實這才是根。

為什麼《孝經》要講得細一點？就是要將老祖宗的智慧，透過經典的解讀，讓大家重新認識其精髓，重新學習，在現實中真正用於修身、齊家、治國，以及治理現代企業上。日本學習我們的唐朝，而且明治維新原封不動的恢復中華唐朝的一切，現在成功了；新加坡用儒學體系管理和治理國家，就當作政治學、社會學應用，也非常成功。我們為什麼不能借鑒？那都是我們自己老祖宗的智慧體系，結果外面的人比我們用得還要好，中華子孫情何以堪。

《孝經》中將孝分為五個等級，我們要有基本的認識。上古社會學、政治學中，遵守綱常、倫理、禮規，最重要的是等級，必須有明確的等級劃分，所以《孝經》中確定了自古以來的五個等級，天子、諸侯、卿大夫、士、庶民。同樣，想把家庭治理好，使家序化，必須在家中設立等級；想把企業管理好，必須在企業裏推行等級，不同等級的人應該守不同的標準禮法，謂之規定、規矩。立好等級，就得設規矩、規範，都制定好大家不要違犯，這是管理的第一步。無論家庭還是企業，一定首先從此開始，如果等級和規範不清晰，企業永遠管理不好，於是企業就沒有力量，

沒有凝聚力。

《孝經》告訴我們孝即是有等級，在家對父親要敬，在外對君主要忠，敬和忠是立身之本。真正的大孝謂之立身行道，立身之本就是識道統、守綱常、不違背倫理道德，嚴格遵守禮規。要從小這樣教育孩子，即是家教，從孝開始教化，因為我們從小在家中長大，所以在家中就要開始教化孩子，以孝為本、對父要敬、對母要愛，守家之禮、守家之規，家中有等級觀念、概念，嚴守禮規，在外步入社會後，就會知書達禮、守規矩、不犯法，不會做僭越之事。這就是《孝經》非常重要之所在，即所謂「德之本」、立身之本。

立身才能行道，因此孝同時也是「教之所由生也」，所有的教育、教化都是從孝開始。家有家之道，企業有企業之規、企業管理之道，家之道和企業管理之道都是從等級和規範中來的。家中是否有等級，誰是一家之主？現在多少家庭都是孩子為主、孫子老大，孫子發言，爺爺奶奶、父母都得乖乖聽話。社會上很多都是公開表達，家中兒子

第一，媽是第二，爸是第三，如此家中哪有家規，哪還有禮法、等級了？孩子任性妄為，步入社會上也是同樣任意妄為，這就是現狀。

制定好的等級之下，每個等級應該遵守的禮法，大家都遵守，不僭越，如此國家、企業、家庭都非常穩定，穩定才能長治久安，安居樂業時間長了才會有積累，智慧有積累、知識有積累、技能有積累，而後才能在科技、文哲領域實現大的爆發，才能把整個社會帶向繁榮和興盛，這都是需要積累的。社會資源的積累建立在一是治一是安的前提基礎上，即所謂長治久安、安居樂業，都有個「安」字。想獲得安，即是在禮規、等級的基礎上，大家都在其位謀其政，這個狀態下整個社會才能安下來，安住百年才真正會有大智。中華民族想要幾十年內就能復興，很快就能復興，哪有基礎？必須得有積累、基礎。民族一直處在混亂之中，現在尚不知禮儀規範是什麼，不知如何讓自己安下來，還是在亂的狀態下，何以復興？

大漢的復興經歷了多少年？漢高祖劉邦建漢一直到漢

武帝，首先積累了七十年無為而治，天下皆是順天道而行，自然而然的休養生息七十年，安定了七十年後，才能實現漢武帝的文治武功。大唐也不是建唐之始就開始興盛富強，也是安定、恢復、積累了三、四十年以後，才有盛世的出現。中國現在穩定了沒有？如果禮規、禮法尚且沒有，談何復興？其實，我們都非常希望中華能夠短期內實現復興，有生之年能夠享受到復興的果實，那樣該有多好啊。

高而不危滿而不溢陰陽之理
上不越禮下無不及平衡守德

　　第三章諸侯之孝中，我們一再講的即是不要驕。前面講到，諸侯有實力、做大後，很容易不把天子放在眼中，開始驕橫。然而，諸侯不驕則不會危，身居高位也不會有危險，如果驕橫、任性就會有危險，而且是殺身之禍，天子就得聯合天下諸侯一起懲治，這種案例歷史上比比皆是。因為一人之下、萬人之上，身居高位手握實權，越是這樣越要謙卑、越要卑下，這就是陰陽之理。

　　歷史上的典範，如春秋時期范蠡身居高位，助越王勾踐臥薪嚐膽、一雪前辱，作為三軍統帥，一舉滅了當時的春秋霸主吳國，使越國成為了春秋霸主，立下不世之豐功偉績，功成名就理應受封為最大的諸侯，結果范蠡功成身退，一走了之。文種與范蠡一起輔佐越王勾踐，所建功勳也差不多，二人一文一武，但是文種堅決不走，接受分封，

後來死得很慘。范蠡即是身居高位，但不驕不橫、不任性，能夠看清時局，該退時則急流勇退，明哲保身，留下千古美名。

　　歷史上還有很多這樣的人，比如近代的曾國藩就是典型的諸侯、封疆大吏，平定太平天國功勳卓著，力挽清朝於狂瀾之中，功高蓋主。然而，曾國藩滅了太平天國之後，馬上解散湘軍，因為湘軍太強大了，如果繼續手握湘軍的軍權，對朝廷肯定是一種威脅，所以他主動解散湘軍，入朝侍奉天子。因此，曾國藩也是留美名於後世，最後得了善終。

　　反之，諸侯在歷史上驕橫任性，居高而危，最後被滅掉的人也有很多，不勝枚舉。前面講到的七國之亂、安史之亂都是諸侯叛亂，最後都被滅了，甚至滿門抄斬。清朝的年羹堯、大漢的韓信，都屬於這一類。學古以鑒今，社會階層整體其實是不會變的，政治秩序、社會結構其實也都不會改變，只是要能夠找到對應點。比如，我們在企業裏有沒有天子？有沒有諸侯？有沒有卿大夫？這就需要自

己去對應。看看自己現在身居何位？自己去找對應。這五類等級基本就將我們的社會結構，家庭、企業、國家的分工，以及政府部門的分工、軍隊中的等級，都囊括其中了。自己找到對應，就知道應該守什麼樣的禮，亦即是行哪一類孝。

比如，企業裏有沒有封疆大吏，即是除了老闆之外的手握大權者？企業中財權第一，在外獨立核算的分公司、子公司，都是屬於諸侯的範疇，就是一人之下、萬人之上，手握實權，諸侯等級的主管。如果自己是這個位置的人，就得按照諸侯之孝來做，這樣才能保證富貴長久，否則就會有危險。現代社會當然不會有殺身之禍，但是位置被人替代，或者找理由趕出企業，就結束了一段職業生命。

諸侯章所講的，一是「在上不驕，高而不危」，要學會謙卑、卑下，這是講態度；二是「制節謹度，滿而不溢」，這是講另一個方面，諸侯有實權，封地內一切經濟大權全在諸侯手中，容易驕奢淫逸。

有人說：「老師，我有這麼多錢，多享受一下，天天

吃個鮑魚不可以嗎？住豪宅大房子、開豪車、開遊艇、開
私人飛機，難道不可以嗎？」

此處要理解清楚，制節謹度並不是讓人節約。古代的
貴族不提倡、也不強調節約，不是天天吃糠咽菜才是好官，
所謂制節謹度，意即是諸侯國再有錢，也不能越禮，古人
把每個等級應該享受的規矩，都規定得非常嚴格、特別明
確，什麼等級的諸侯，比如封了侯，那侯爵的住房標準、
院落大小，侯府大門上的雕刻的動物、花草、牌匾，以及
侯爵本人的衣、食、住、行，都有明確而詳細的規定。諸
如吃飯標準是八道菜三葷五素，穿衣標準繡什麼紋路、材
料是何質地，住宅標準即房間大小、幾間廂房，乘坐馬車
的標準即幾匹什麼顏色的馬駕車，都有非常嚴格的規定。

在此所謂「制節謹度，滿而不溢」的意思就是，要按
照規定行事，不要逾越，逾越即謂僭越，不合禮、犯規了
就是逆上、犯上。比如，諸侯穿的衣服上繡了龍的圖案，
有錢所以繡金龍，此即不合禮規，只有天子才能穿龍袍，
才能繡龍，諸侯繡龍居心何在？此即謂僭越。古代一旦發

現，立刻誅滅九族，古人特別在乎、重視這方面，絕不是有錢就可以隨便行事、隨便吃穿的。所謂「制節謹度，滿而不溢」，必須在你的等級禮規之內行事，再有錢也不能違反禮規，不可僭越。

然而，現代社會還有何禮節？還有什麼度？有錢就是王，有錢能養得起三百個老婆，那就有三百個情人，開最好的車，買飛機遊艇，住豪華別墅，一點禮規都沒有，都是亂的。而古代一定都制定好禮規，這是社會安定，大家安居樂業的根本，即是孝的最基本含義，確定的等級、禮規不可輕易破壞，有再多的錢，也得滿而不溢。

「高而不危，所以長守貴也」，貴即公侯伯子男、貴族爵位，諸侯則世襲罔替、代代相傳，真正能放好自己的心態，守好禮規、禮法、綱常倫理，這種貴族爵位才會世世代代傳承下去。古人制定的這套體系非常的聰明，因為可以傳承，所以有爵位者就會非常珍惜，不敢有一點僭越，不合禮規就會被取消爵位，子孫就沒有爵位了，豈不遺恨於後世。爵位傳承到我這一輩，我要繼續一代一代傳下去，

不用法律治理貴族，只用綱常、倫理、禮規治理，如果被國家法律懲治了，那多丟人啊！家族內部都有一套宗法，於是從小整個家族的人都看著這個孩子，不允許他違規，不允許他破禮，更不會允許他犯國家社會的法律了，而且一人犯法、一人判罪，整個家族顏面無光，家族中其他兄弟姐妹的仕途等各方面都受影響，甚至都無人願意婚配。

古人所謂刑不上大夫，意思可不是卿大夫可以殺人放火、強搶民女無所顧忌，這在古代少得很，家族內部的宗法就治住了，禮規、道德倫理就治住了，怎麼可能允許再去犯法？真犯法了，爵位就剝奪了，後世子孫就都成了平民，成為奴隸，一切待遇都收回了，嚴重了九族都被誅滅，誰還敢犯法？其實，古代先王制定的社會體制、政治秩序真的有其道理，整套體系環環相扣，不是用法律控制人，而是以綱常、倫理道德的自幼教化，用家庭和家族的力量規範一個人。

《孝經》開篇即講，終極的大孝是立身行道，揚名於後世，以顯父母。前面解讀了所謂光宗耀祖，整個家族中

一人榮家族榮，一人惡家族皆受牽連，可想而知，是社會監督有效，還是家族監督有效。家族是從一個人出生就開始教化、監督、引導，社會可不一樣，社會是用法治懲戒，然而法治有太多漏洞，法治監督每個人的成本也太高。所以，古人的方法太厲害了，我們應該一點一點的解讀，好好的學習。現在的家庭怎麼教化孩子，企業如何管理？學習西方的 MBA 工商管理碩士，學到的是工業組織化管理，是管理最表層的方法，真正的管理，管的是人，是人心、人性、人情，這些方面的管理必須好好琢磨老祖宗的智慧。

「滿而不溢，所以長守富也。」有再多的錢，也不能揮霍無度，這樣才能保證長久的富，子孫才能代代積累、傳承。一貴一富，貴之傳承，在上不驕，有一顆謙恭卑下之心，但謙恭卑下並不影響實力，這是兩個概念，實力越強者越要謙恭卑下；富之傳承，滿而不溢，再有錢都得守禮、合規，才能保證財富源源不斷，子孫不斷積累。制節謹度並不是讓我們勤儉節約有錢不花，而是上不越禮，下也不能寒酸，真正的貴族諸侯做事，防止的是別過，過度奢靡、太奢華、越禮超規是不可以的，但諸侯有明確標準，

按照標準在限度以內行事，即是謂制節謹度。

古代的諸侯可能允許娶一房正室夫人，可以有十二房妾，那就不能娶多了，必須按照這個標準。只要一房正室夫人，一個妾都不要，也不行，也是不守禮，不合禮規。正常吃飯四葷四素，這是所在等級應該享受的待遇，不要吃八葷八素，但是不能只吃一個素菜，節約一點，那也不行。何謂僭越？即上不能越禮，下也不能破規，都不對。所謂制節謹度，即是應該是什麼標準就按照什麼標準做。現在中國社會沒有了禮法、規範，我們都不知應該如何做，所以在公司中，老闆的辦公室應該多大，辦公桌是何標準，坐什麼檔次的車，都沒有一套規範。老闆不能過分豪華、過分奢侈，但是也不能過分寒酸，世界五百強企業的老闆，億萬身家，卻以節儉為名，開一輛二手國產車，就要表現自己的清正廉潔，視金錢如糞土，那也是僭越。

而老闆之下，作為公司高階主管，按禮規來說車不能比老闆的還要豪華，老闆正常應該是勞斯萊斯，下面副總裁等高階主管就應該是賓士，部門經理應該是奧迪，普通

員工隨便開一些普通的家用轎車，這就是禮。但是我們現在已經沒有這些禮規、禮節了。

有人疑惑，「老師，勤儉節約不是中華民族的傳統美德嗎？」

其實不然，不要誤解。強調勤儉節約，絕不是針對貴族階層的，而是針對平民階層的。老百姓要勤儉持家，貴族怎能勤儉持家，不能要求皇帝、天子吃素、禁欲，那麼要求就會出現問題。不要以為中華民族的美德是勤儉節約，然後從上到下，從國家領袖到各級官員都勒緊褲腰帶，都吃素、都禁欲，那樣不符合道統，不符合規律，反而會造成問題。我們對所有經典的解讀，一定是符合道統的，都是先王的規定，真正有其背後的含義。

我們學習的，就是為什麼先王如此規定，深入的講解道統、綱常、倫理、禮規，這套大道之理，這是整個社會穩定所必需的、基本的要素。勤儉節約是不是優良傳統，這與身分有關係，一個平民這麼做沒有問題，但是且不論天子、諸侯，即使是士大夫，都是不可以的，這樣會給社

會帶來不好的榜樣。在其位謀其政，衣食住行和身分地位要有所平衡，不能相差太遠，既不能向上僭越破禮，也不能向下違規。這就是真正的制節謹度，要知道自己的身分、地位、階層，衣食住行、吃穿用度都要符合標準。雖然現在沒有普遍的統一標準，但是我們心中還都得有桿秤，起碼要做到大概、差不多。

「富貴不離其身，然後能保其社稷，而和其民人。」社稷、宗廟就是祖宗的祠堂，所謂社稷就是祖宗一直傳下來這一套體系，民人是指封地內的平民百姓。作為諸侯手握實權，既有封地又有經濟大權、軍事大權，生殺予奪，如何能夠保住？一定記住只有兩點，第一不驕，第二制節謹度。不驕是守禮，制節謹度是守規，把禮規守好，自身向內按照倫理道德的標準做，符合道統綱常，這樣就能做到富貴不離其身，保其社稷，和其民人，封地能夠一直長久保存，又能興旺發達、繁衍生息。「蓋諸侯之孝也」，這就是諸侯應該做的最重要的兩項。

「《詩》云：『戰戰兢兢，如臨深淵，如履薄冰。』」

每一章最後都有一句經典加以說明，上一章最後是《甫刑》云，這一章是《詩》云，這是古之經典必須得有的格式，意思是本章所講的都是有出處的，都是先王所說的，是先王的意思。然而《孝經》已經是經典了，為何還要引用經典作說明呢？其實《孝經》在春秋戰國時期不能稱為經典，只是那個時期的普通文章，所以想使其論點、論述有說服力，就必須從真正的經典中找到論據論證，而真正的經典不外乎《詩》和《書》。雖然《孝經》也是儒學十三經之一，但是《孝經》列入經典行列已經很晚。

在此講一下儒學十三經的形成過程，前面講王官學時講過，最早形成的真正的經典就是《詩》、《書》、《禮》、《樂》，其中《詩經》是最早的，《尚書》稍晚於《詩經》，即上古之書，那時還有《禮經》和《樂經》，合於一起即是王官學，也就是周初貴族大學一定得學的四部經典，同時還要學習六藝。孔子晚年時把《易》和《春秋》加入形成六經，其中《春秋》是魯國的歷史，由孔子編撰成經，而《易》本來是占卜之書，不是經典。雖然都稱《易經》為萬經之首，好像很早就是經典，其實是由於孔子重

新將《易》的哲學性，即形而上的部分解讀出來，從而賦予《易經》為萬經之首，孔子之前的《易》不是經典。所以，春秋戰國時期及以前的所有經典，其中引用的基本都是《詩》、《書》，以及《禮》中的語句作為論據，很少有用《易》的。

　　孔子在詩書禮樂之外，又將《易》、《春秋》加入了經典行列，發展成為六經。到漢時，《樂經》失傳只剩五經，詩、書、禮、易、春秋，所以漢朝設五經博士，專門研讀五經，漢的大學就是普遍推廣五經、學習五經。到唐初時候，五經變成了九經，擴展了《春秋》，由一部擴展為三部，分別為《春秋左傳》、《春秋穀梁傳》、《春秋公羊傳》；又把《禮》擴展為三部，分別為《周禮》、《儀禮》和《禮記》，其中《禮記》就是曾子帶著弟子所作的兩部書《論語》、《禮記》之一。如此增加了四部經典，變成了九經。唐朝中期，又把《孝經》、《論語》、《爾雅》三部漢朝小學教材，增加到經典行列，從而變成儒學十二經。因此《孝經》是唐朝中期才開始成為經典的。

宋朝開始就不推五經了，而是學四書《大學》、《中庸》、《論語》、《孟子》，直到現在都是學習儒學的四書。因此，宋朝時把《孟子》也加入到經典之列，《孟子》本來在「經史子集」之中屬於子部，不成為經典，經典本應該是孔子及之前的先聖之王所作、所講，但最後還是把《孟子》加入到經典之中，於是宋末時才形成了儒學十三經。

　　《孝經》每一章後面都有，或者從《詩》中，或者從《尚書》中，或者從《周禮》中找出依據，證明不是作者自己編造、創造的。第一章天子最後，「《甫刑》云：『一人有慶，兆民賴之。』」其實所有先秦古文都是這樣行文，尤其是真正的經典，取的就是述而不作、信而好古。

　　我們在諸侯章所學到的，居於次位者，即一人之下萬人之上，同時手握重權，應該以什麼樣的規矩、禮儀、禮節約束自己，最重要的、應該注意的方面。這個時候不是表現能力的時候，不是表現功業、功勳多麼巨大的時候，不是展示經濟實力、財力或武功的時候，越是居於高位又手握實權的人，越得謙卑、不能驕傲、不能驕橫、不能無

禮，越得戰戰兢兢、如臨深淵、如履薄冰。

歷史上往往都是身居高位、手握實權、權傾朝野、擁兵自重之人，或者傲慢無理、目中無人之人，見到天子都不守基本的禮節，這樣的人會受到天子以下所有其他諸侯，包括卿大夫等整個貴族階層的共同抵制，早晚會被滅掉。因為他給別人甚至給天子帶來了危機感。

曾國藩一代大儒，文能治國，武能安邦，守的就是這一套道統、綱常、倫理、禮規體系，一生謹小慎微、戰戰兢兢，真正做到了諸侯之孝。好好研究曾國藩，我們能學到很多。勇猛時，面對太平天國之強敵不畏不懼，到了朝廷之中，又能放下身段、百般受辱，修成忍辱之功，其等級、禮規的教化，以及以身作則的遵守，在治家、治軍中皆有體現。在曾國藩的傳記中有記述，他如何迅速使湘軍從無到有，又以最短的時間將湘軍打造成一支戰鬥力極強的鐵軍的。以曾國藩一生的經歷，與《孝經》對照研究，可以驗證諸侯之孝，如何行教化、尊禮規、守綱常倫理道德，如何真正做到在其位謀其政，從而得到很多的借鑒。

透過學習諸侯之孝，我們可以知道自己是什麼狀態，是否在諸侯的位置上，以及在諸侯位置上應該注意遵守的兩個最重要因素，一要擺好心態，放下驕傲，謙恭卑下，即在上不驕，二要制節謹度，滿而不溢。在這兩方面守住自己的德行，守住了稱為有德，守不住破了規矩則稱為失德。天子有天子之德，諸侯有諸侯之德，要守其德，積功累德。

所謂德，很多人覺得是做好事、善事，即所謂積德，其實不然。「夫孝，德之本也」，講了這麼多，難道孝只是做善事嗎？只是對父母好嗎？真正的孝是等級、秩序、禮儀規範，守好這些才是德之本。我們在這個社會上，不管是在家裏，還是在外從事於企業、國家部門，首先要從自身做起，明確在家裏是什麼身分、什麼地位，守住對應的禮儀規矩，在其位謀其政，這就是大德，就在積德；在外工作，也要明確自己的位置、職位，應該負責的就肩負起責任，在其位謀其政，各司其職，守好自己的本分，不要越禮亦不可不及，守住自己的禮儀規範，這就是德。越是高位，越有實權，越得戰戰兢兢，如臨深淵，如履薄冰，

這就是智慧。

　　本書從《孝經》之立身行道開始，進而為大家講述了天子之孝和諸侯之孝，下一冊將從卿大夫之孝講起，繼續大家展開講解經邦濟世、內聖外王之儒學真諦，有緣待續。

明公啟示錄：
帝王管理學與孝道文化 -- 范明公孝經開講 3

作　　　　者／范明公
出 版 贊 助／李欣・陸小輝
主　　　編／張閔
美 術 編 輯／申朗創意
責 任 編 輯／林孝蓁
企 畫 選 書 人／賈俊國

總　 編　 輯／賈俊國
副 總 編 輯／蘇士尹
編　　　輯／高懿萩
行 銷 企 畫／張莉滎・蕭羽猜・黃欣

發　 行　 人／何飛鵬
法 律 顧 問／元禾法律事務所王子文律師
出　　　版／布克文化出版事業部
　　　　　　台北市中山區民生東路二段 141 號 8 樓
　　　　　　電話：(02)2500-7008 傳真：(02)2502-7676
　　　　　　Email：sbooker.service@cite.com.tw
發　　　行／英屬蓋曼群島商家庭傳媒股份有限公司城邦分公司
　　　　　　台北市中山區民生東路二段 141 號 2 樓
　　　　　　書虫客服務專線：(02)2500-7718；2500-7719
　　　　　　24 小時傳真專線：(02)2500-1990；2500-1991
　　　　　　劃撥帳號：19863813；戶名：書虫股份有限公司
　　　　　　讀者服務信箱：service@readingclub.com.tw
香港發行所／城邦（香港）出版集團有限公司
　　　　　　香港灣仔駱克道 193 號東超商業中心 1 樓
　　　　　　電話：+852-2508-6231　　傳真：+852-2578-9337
　　　　　　Email：hkcite@biznetvigator.com
馬新發行所／城邦（馬新）出版集團 Cité (M) Sdn. Bhd.
　　　　　　41, Jalan Radin Anum, Bandar Baru Sri Petaling,
　　　　　　57000 Kuala Lumpur, Malaysia
　　　　　　電話：+603- 9057-8822　　傳真：+603- 9057-6622
　　　　　　Email：cite@cite.com.my
印　　　刷／韋懋實業有限公司
初　　　版／2021 年 10 月
定　　　價／300 元
I S B N ／978-986-0796-49-0
E I S B N ／978-986-0796-50-6

城邦讀書花園
www.cite.com.tw　布克文化 WWW.SBOOKER.COM.TW